PEARSON

mi Mundo

Estudios Sociales ™

Estamos conectados

PEARSON

Boston, Massachusetts
Chandler, Arizona
Glenview, Illinois
New York, New York

ISBN-13: 978-0-328-63935-9
ISBN-10: 0-328-63935-4
12 19

Autores asesores del programa

The Colonial Williamsburg Foundation
Williamsburg, Virginia

Dr. Linda Bennett
Associate Professor, Department of Learning, Teaching, & Curriculum
College of Education
University of Missouri
Columbia, Missouri

Dr. Jim Cummins
Professor of Curriculum, Teaching, and Learning
Ontario Institute for Studies in Education
University of Toronto
Toronto, Ontario

Dr. James B. Kracht
Byrne Chair for Student Success
Executive Associate Dean
College of Education and Human Development
Texas A&M University
College Station, Texas

Dr. Alfred Tatum
Associate Professor, Director of the UIC Reading Clinic
Literacy, Language, and Culture Program
University of Illinois at Chicago
Chicago, Illinois

Dr. William E. White
Vice President for Productions, Publications, and Learning Ventures
The Colonial Williamsburg Foundation
Williamsburg, Virginia

Asesores y revisores

ASESOR DEL PROGRAMA

Dr. Grant Wiggins
Coauthor, *Understanding by Design*

REVISORES ACADÉMICOS

Bob Sandman
Adjunct Assistant Professor of Business and Economics
Wilmington College–Cincinnati Branches
Blue Ash, OH

Jeanette Menendez
Reading Coach
Doral Academy Elementary
Miami, FL

Kathy T. Glass
Author, *Lesson Design for Differentiated Instruction*
President, Glass Educational Consulting
Woodside, CA

Roberta Logan
African Studies Specialist
Retired, Boston Public Schools/ Mission Hill School
Boston, MA

MAESTROS REVISORES DEL PROGRAMA

Glenda Alford-Atkins
Eglin Elementary School
Eglin AFB, FL

Andrea Baerwald
Boise, ID

Ernest Andrew Brewer
Assistant Professor
Florida Atlantic University
Jupiter, FL

Riley D. Browning
Gilbert Middle School
Gilbert, WV

Charity L. Carr
Stroudsburg Area School District
Stroudsburg, PA

Jane M. Davis
Marion County Public Schools
Ocala, FL

Stacy Ann Figueroa, M.B.A.
Wyndham Lakes Elementary
Orlando, FL

LaBrenica Harris
John Herbert Phillips Academy
Birmingham, AL

Marianne MAck
Union Ridge Elementary
Ridgefield, WA

Emily Manigault
Richland School District #2
Columbia, SC

Marybeth A. McGuire
Warwick School Department
Warwick, RI

Laura Pahr
Holmes Elementary
Chicago, IL

Jennifer Palmer
Shady Hills Elementary
Spring Hill, FL

Diana E. Rizo
Miami-Dade County Public Schools/Miami Dade College
Miami, FL

Kyle Roach
Amherst Elementary, Knox County Schools
Knoxville, TN

Eretta Rose
MacMillan Elementary School
Montgomery, AL

Nancy Thornblad
Millard Public Schools
Omaha, NE

Jennifer Transue
Siegfried Elementary
Northampton, PA

Megan Zavernik
Howard-Suamico School District
Green Bay, WI

Dennise G. Zobel
Pittsford Schools–Allen Creek
Rochester, NY

Manual de Estudios Sociales

Nuestras comunidades

PREGUNTA PRINCIPAL
¿Cómo es
una buena
comunidad?

Una calle
suburbana

Nuestro medio ambiente

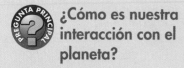

PREGUNTA PRINCIPAL
¿Cómo es nuestra interacción con el planeta?

Liebre americana

Las comunidades forman una nación

PREGUNTA PRINCIPAL

? **¿Cómo influye nuestro pasado en nuestro presente?**

Una de las primeras banderas estadounidenses

El gobierno de los Estados Unidos

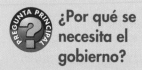

¿Por qué se necesita el gobierno?

Monte Rushmore

El civismo

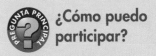
¿Cómo puedo participar?

Estas personas ayudan a otros de su comunidad.

Una nación en crecimiento

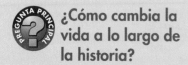

¿Cómo cambia la vida a lo largo de la historia?

El carro Modelo T de Henry Ford

Los trabajos en nuestras comunidades

PREGUNTA PRINCIPAL ¿Cómo obtienen las personas lo que necesitan?

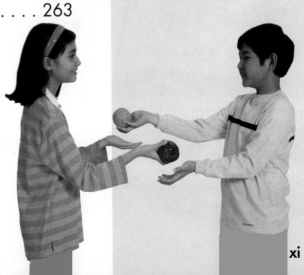

Estos amigos intercambian frutas.

Las celebraciones de nuestras comunidades

¿Cómo se comparte la cultura?

Una celebración cultural

Generalizar

Causa y efecto

Secuencia

La secuencia es el orden de los sucesos.

Primero

Luego

Por último

Resumir

Resumimos, es decir, volvemos a contar, para comprobar que comprendimos lo que leímos. Un resumen es corto. Tiene pocas oraciones.

Hechos y opiniones

Un hecho se puede comprobar para saber si es verdadero
o falso.
Una opinión expresa las ideas o los sentimientos de alguien.

Sacar conclusiones

Para sacar conclusiones, combina lo que ya sabes con la información nueva.

Lo que sé:

- Al subir una cuesta en bicicleta, te puedes cansar.
- Cuando te esfuerzas mucho, a veces, haces muecas.
- Al hacer ejercicio, te da calor.

Conclusión

El niño tiene calor y está cansado.

Idea principal y detalles

Comparar y contrastar

A medida que lees, piensa en qué se parecen y en qué se diferencian las cosas.

Parecidos	Diferentes

El proceso de la escritura

Los buenos escritores siguen un plan cuando escriben. ¡Estos cinco pasos te ayudarán a ser un buen escritor!

Prepararse
- Escoge un tema que te guste.
- Reúne detalles sobre tu tema.

Borrador
- Anota todas tus ideas en una hoja.
- No te preocupes porque quede perfecto.

Presentar
- Presenta tu escrito a tus compañeros.

Corregir
- Corrige la ortografía, el uso de las mayúsculas y la puntuación.
- Prepara el escrito final.

Revisar
- Revisa tu escrito y preséntaselo a un compañero.
- Busca las características de la buena escritura.
- Cambia las partes que no estén claras o completas.

Características de la escritura

Los buenos escritores tienen en cuenta
seis cualidades para que su trabajo
sea el mejor posible.

Ideas

Las ideas son tus pensamientos
y el mensaje que quieres
compartir.

Escoge ideas que sean interesantes
para ti.

Organización

La organización significa poner las ideas en orden.

Tu escrito y tus ideas deben ser fáciles de seguir.

Voz

La voz indica si tu escrito suena natural.

Escribe como si le contaras tu historia a alguien.

Lenguaje

El lenguaje se refiere a escoger con cuidado
las palabras.

Asegúrate de que lo que quieres decir sea claro
para tus lectores.

Oraciones

Las oraciones se refieren a que tu escrito sea fácil
de leer.

Usa oraciones de diferentes longitudes y con
distintos comienzos.

Normas

Las normas son las reglas de escritura, como
la ortografía, el uso de las mayúsculas y
la puntuación.

Corrige los errores que encuentres.

Aprendizaje del siglo XXI
Tutor en línea

Conéctate en línea a myworldsocialstudies.com para practicar las siguientes destrezas. Estas destrezas serán importantes a lo largo de tu vida. Después de completar cada tutoría de destrezas en línea, márcalas en esta página de tu *Cuaderno de trabajo.*

◉ Destrezas clave de lectura

- ☐ Idea principal y detalles
- ☐ Causa y efecto
- ☐ Clasificar y categorizar
- ☐ Hechos y opiniones
- ☐ Sacar conclusiones
- ☐ Generalizar
- ☐ Comparar y contrastar
- ☐ Secuencia
- ☐ Resumir

Destrezas de colaboración y creatividad

- ☐ Resolver problemas
- ☐ Trabajar en equipo
- ☐ Resolver conflictos
- ☐ Generar nuevas ideas

Destrezas de gráficas

- ☐ Interpretar gráficas
- ☐ Crear tablas
- ☐ Interpretar líneas cronológicas

Destrezas de mapas

- ☐ Usar longitud y latitud
- ☐ Intrepretar mapas físicos
- ☐ Interpretar datos económicos en mapas
- ☐ Interpretar datos culturales en mapas

Destrezas de razonamiento crítico

- ☐ Comparar puntos de vista
- ☐ Usar fuentes primarias y secundarias
- ☐ Identificar parcialidad
- ☐ Tomar decisiones
- ☐ Predecir consecuencias

Destrezas de medios y tecnología

- ☐ Hacer una investigación
- ☐ Uso seguro de Internet
- ☐ Analizar imágenes
- ☐ Evaluar el contenido de los medios de comunicación
- ☐ Hacer una presentación eficaz

Nuestras comunidades

mi Historia: ¡Despeguemos!

PREGUNTA PRINCIPAL

¿Cómo es una buena comunidad?

Piensa en tu comunidad. Luego **escribe** sobre las personas y los lugares que ves a tu alrededor y sobre lo que haces en tu comunidad en un día típico.

....

....

....

....

....

Comunidades de Arizona

Explorar comunidades cercanas

mi Historia: Video

"¡Parece que vivo en un vecindario suburbano!", dice Casey. "La verdad es que nunca había pensado en los tipos de vecindarios". Casey vive en Arizona. Ha aprendido mucho en la escuela sobre los diferentes tipos de comunidades. Algunas son comunidades urbanas, es decir, están en grandes ciudades. También hay comunidades suburbanas, es decir, ciudades más pequeñas ubicadas cerca de grandes ciudades. Más lejos hacia el campo, donde hay mucho espacio abierto, hay comunidades rurales. Ahora que Casey ha aprendido sobre todas estas comunidades, quiere comprobar por sí mismo cómo son.

La primera parada en el recorrido de Casey por las comunidades de Arizona es una comunidad urbana. A Casey le encanta el centro de la ciudad. "Siempre hay algo para hacer", dice, mientras recorre el centro con su mamá. Casey mira a su alrededor y ve personas haciendo compras, yendo a trabajar, yendo a los museos y paseando a sus perros. Hay muchísimos edificios altos. ¡Parece que hay autobuses, carros, taxis y trenes por todos lados!

Casey visitó tres tipos de comunidades en Arizona.

13

A Casey le gusta mirar todos esos edificios altos.

En las comunidades suburbanas, como Chandler, Arizona, hay muchas casas con patios y entradas para carros.

Más de un millón de personas viven en esta comunidad urbana. Casey ve por qué a tantas personas les gusta vivir en la ciudad. ¡Está tan cerca de todo! También hay muchas maneras de divertirse. "¡Cuando hace calor, me puedo refrescar en las fuentes de la ciudad!".

La siguiente parada en el recorrido de Casey es Chandler, el suburbio donde está su hogar. Chandler queda muy cerca de la ciudad. Queda apenas a unas 25 millas de distancia. Casi 250,000 personas viven en Chandler. A muchas personas les gusta vivir allí porque es muy fácil viajar a la ciudad. Hay autopistas cercanas que llevan directamente al centro, aunque también se puede ir en autobús o en tren. "Cuando vamos al centro de la ciudad, no tardamos mucho tiempo. Pero quedarnos cerca de casa también es divertido", dice Casey, mientras camina por su vecindario suburbano.

Las calles de Chandler son muy diferentes de las calles de la ciudad. Los edificios no están tan juntos y no hay tanta gente. Solo unas pocas personas cruzan la calle. Algunas personas entran y salen de las tiendas locales. Luego Casey ve a unos niños que van hacia el parque en bicicleta. Mientras Casey camina con su mamá hacia el área de juego, ve a una familia que juega con su perro en el patio de la casa. ¡Definitivamente, aquí hay mucho más espacio para correr!

Casey trepa a los juegos del parque en Chandler, Arizona.

En algunas comunidades rurales hay granjas con muchos animales, por ejemplo, caballos.

A Casey y a su abuelo les gusta caminar por la granja.

La última parada en el recorrido de Casey es una comunidad rural. Esta comunidad está en el campo, donde los pueblos son muy pequeños. Allí viven menos de 1,500 personas. Muchas viven y trabajan en granjas. La gente que vive en las ciudades y los suburbios depende de esas granjas para conseguir frutas frescas y verduras. "Mi abuelo vive en una comunidad rural", dice Casey. "¡Tiene los duraznos más deliciosos que he probado! Y también muchos caballos que puedo acariciar".

Casey y su abuelo caminan hacia los caballos. Casey ve los caballos a distancia y se asombra de ver todo ese campo abierto. A muchas personas les gusta vivir aquí porque hay tanta paz y tranquilidad. "Tengo más lugar para moverme", dice el abuelo de Casey. "Me gusta relajarme aquí, al aire libre". Pero el abuelo también disfruta visitar los suburbios o la ciudad de vez en cuando.

Entonces, ¿qué comunidad le gusta más a Casey? "Me gustó recorrer todas estas comunidades", dice Casey. "Todas tienen algo especial. ¡Todas tienen lo que hace falta para ser una buena comunidad!".

Piénsalo Según esta historia, ¿crees que te gustaría vivir en una comunidad diferente de la tuya? A medida que lees el capítulo, piensa por qué tu comunidad es especial.

A Casey le gusta mucho acariciar los caballos de la granja de su abuelo.

¿Qué es una comunidad?

¡Imagínalo!

Estas son fotos de la misma ciudad. Piensa qué foto es del pasado y cuál es del presente.

Las comunidades que están cerca del lago Michigan tienen recursos hídricos donde se puede pescar.

¿Dónde vives? ¡La respuesta es fácil! Vives en una comunidad. Una **comunidad** es un sitio donde las personas viven, trabajan y se divierten. Las comunidades se parecen en muchos aspectos. Las personas de una comunidad se ayudan. Se preocupan por la seguridad de su comunidad. Respetan las leyes, es decir, siguen las reglas para que su comunidad sea un lugar seguro para vivir, trabajar y jugar. Muchas personas tienen empleos o negocios. Para divertirse, las personas forman clubes o equipos deportivos, van de compras y ven películas.

Establecerse en una comunidad

Las personas se establecen en comunidades según su **ubicación**, es decir, en un lugar donde se puede hallar lo que se necesita. Las comunidades necesitan buenos recursos naturales, como agua, suelo y árboles. Un **recurso natural** es algo que existe en la naturaleza y es útil para todos. Las personas pueden elegir establecerse en una comunidad con muchos recursos hídricos, como los lagos y los ríos. Por ejemplo, una comunidad cercana a una masa de agua sería un buen lugar para las personas a quienes les gusta pescar o que trabajan en la industria pesquera. Los recursos hídricos también se pueden usar para el transporte.

DESCIFRA LA PREGUNTA PRINCIPAL

Aprenderé qué cosas cambian o siguen iguales en las comunidades.

Vocabulario

comunidad   mineral
ubicación   diverso
recurso   cultura
  natural
región

Rotula con un 1 la foto del pasado. Rotula con un 2 la foto del presente.

Otras personas pueden elegir establecerse en una comunidad que cuenta con recursos de la tierra, como suelo fértil. Si una comunidad tiene suelo fértil, los granjeros pueden vivir y trabajar allí. Otros pueden elegir establecerse allí porque pueden conseguir frutas frescas y verduras de los granjeros. A las personas tal vez les gusten cosas diferentes de una misma comunidad.

Los árboles también son un importante recurso de la tierra. Si en una comunidad hay muchos árboles, se pueden usar para construir casas, escuelas y tiendas. Se puede seguir construyendo para que la comunidad crezca.

1. ◉ **Idea principal y detalles Completa** la tabla con otros dos detalles que apoyen la idea principal.

Las personas se establecen en comunidades con buenos recursos naturales.

	Los granjeros pueden trabajar en comunidades que tienen suelo fértil.	

Las comunidades en regiones

Se han establecido comunidades en cada uno de los 50 estados de los Estados Unidos. Algunos estados están en el norte, en el sur, en el este o en el oeste. También hay estados en el medio del país. Hay distintos grupos de estados en diferentes regiones. Una **región** es una zona con características comunes que la distinguen de otros lugares.

Algunos estados están ubicados en regiones donde hay muchas montañas. Las Montañas Rocosas son unas de las más altas de los Estados Unidos. A las personas les gusta establecerse cerca de las montañas por las actividades que pueden disfrutar allí. Pueden esquiar o andar en trineo en el invierno. En el verano, pueden ir de campamento, dar caminatas o escalar montañas.

En algunas regiones, a lo largo de la línea costera, hay comunidades que tienen playas. Algunas personas se establecen allí porque les gusta nadar o practicar surf. Otros se establecen cerca de la costa por ciertos trabajos que pueden hacer allí. Se puede trabajar en restaurantes donde se preparan los mariscos recién salidos del mar.

Algunas regiones tienen comunidades ubicadas cerca de recursos minerales como el carbón o el hierro. Un **mineral** es un recurso que no proviene de un animal ni de una planta. Las empresas que producen artículos hechos con minerales están ubicadas en estas comunidades.

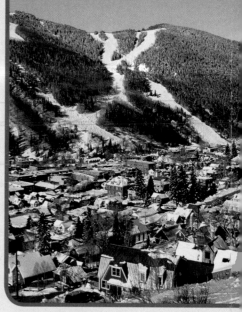

Una comunidad en las montañas

Una comunidad cerca de una playa

18

Las personas de las comunidades

Las comunidades están formadas por personas de todas partes del mundo. Muchos de los miembros de una comunidad tienen empleo. Hay doctores, maestros, mecánicos de carros, agentes de policía, carteros, etc. Cuando las personas no están trabajando, hacen diferentes actividades. Quizá se dedican a sus actividades favoritas, como la jardinería, el cultivo de una huerta, montar en bicicleta o practicar algún deporte. Otras tal vez prueban actividades nuevas.

Muchas comunidades tienen culturas **diversas**, es decir, diferentes. Una **cultura** es el modo de vida de un grupo de personas. Algunas comunidades organizan festivales, desfiles y ferias para honrar estas culturas. La ciudad de Sedona, en Arizona, está orgullosa de su comunidad diversa. Sedona celebra a los indígenas americanos de su comunidad con el Festival de la Cultura de los Indígenas Americanos. Allí se presenta el arte, la música y la danza de esa cultura.

Los jóvenes de esta comunidad aprenden cómo cuidar una huerta.

2. **Completa** la tabla con ejemplos que describan tu comunidad.

Mi comunidad

Recursos de la tierra	Recursos hídricos	Trabajo	Actividades

Las comunidades cambian con el tiempo

Piensa en cuando estabas en el kínder. ¿Eras igual que ahora? ¡Por supuesto que no! Has crecido y cambiado. Las comunidades también cambian con el tiempo. A veces, el territorio cambia. Lo que antes era campo abierto hoy en día puede ser un estacionamiento.

Un pueblo pequeño puede crecer y convertirse en una gran ciudad a medida que más y más personas van a vivir allí. Se abren negocios nuevos y diferentes. Una tienda que antes vendía artículos para las granjas tal vez hoy es una tienda de computación. Una ruta angosta que en una época era solo para caballos y carretas tal vez hoy es una autopista.

Algo no ha cambiado con el tiempo: los habitantes de cualquier comunidad quieren ayudar a mejorarla. Pueden trabajar en bancos de alimentos o recoger la basura del suelo para que su comunidad sea un lugar mejor para vivir.

Puedes averiguar cómo se estableció y cómo cambió tu comunidad. Ve a la biblioteca local o a un museo cercano. Busca libros, mapas, poemas, canciones, fotos, cartas y periódicos sobre tu comunidad. Entrevista a personas que viven hace mucho tiempo en tu comunidad. Investiga sobre las primeras personas que se establecieron allí y sobre las personas por las que se han bautizado algunos edificios y calles. ¡Cuenta la historia de tu comunidad!

3. Encierra en un círculo lo que sigue igual en las dos fotos.

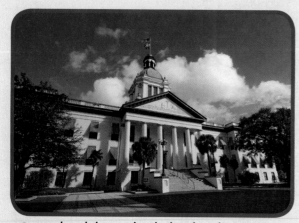

Capitolio del estado de la Florida, 1972

Capitolio del estado de la Florida, época actual

4. ⊙ **Generalizar Escribe** un hecho para apoyar esta generalización: las personas de una comunidad quieren contribuir a que sea un mejor lugar.

....

....

....

5. ⊙ **Idea principal y detalles Describe** dos maneras en que las comunidades pueden crecer y cambiar con el tiempo.

....

....

....

....

6. ❓ **Escribe** sobre tres tipos de empleos que tiene la gente de tu comunidad. **Explica** cómo esos empleos hacen posible que tu comunidad sea un lugar mejor.

mi Historia: Ideas

....

....

....

....

◻ **¡Para!** Necesito ayuda ....

❚❚ **¡Espera!** Tengo una pregunta ....

▶ **¡Sigue!** Ahora sé ....

Generalizar

Una generalización es una afirmación general que explica cómo ciertas ideas o hechos diferentes se parecen de algún modo. Observa la gráfica de abajo y lee los tres hechos. Cada hecho muestra un modo diferente en que las personas usan los árboles para satisfacer sus necesidades. Ahora lee la generalización. La generalización es una afirmación que se hace sobre todos los hechos. Indica en qué se parecen esos hechos: las personas usan los árboles para satisfacer sus necesidades.

Hecho

Las personas usan los árboles para obtener alimento.

Hecho

Las personas usan los árboles para obtener combustible.

Hecho

Las personas usan los árboles para construir casas.

Generalización

Las personas usan los árboles para satisfacer sus necesidades.

Aprenderé a generalizar basándome en hechos.

¡Inténtalo!

Lee el artículo de periódico acerca de Maple City.
Luego **responde** las preguntas.

Noticias de Maple City

¡La temporada de fútbol comienza este sábado en Maple City! La ciudad acaba de construir un nuevo campo de fútbol. Ahora hay dos campos de fútbol estupendos: uno para el equipo femenino y otro para el equipo masculino. Como hay dos campos, los dos equipos tienen suficiente tiempo para practicar. Las personas de la comunidad también recaudaron dinero para comprar materiales y uniformes para ambos equipos. ¡Maple City es un lugar fabuloso para jugar al fútbol!

Partido de fútbol en Maple City

1. **Subraya** dos hechos sobre el fútbol de Maple City.

2. **Encierra** en un círculo la generalización del artículo que dice en qué se parecen los hechos.

3. **Escribe** tres hechos para apoyar esta generalización: Mi comunidad es un gran lugar para vivir.

....

....

....

¿Dónde están ubicadas las comunidades?

¡Imagínalo!

Mira el mapa. Traza una línea para mostrar cómo llega el autobús a la biblioteca.

¿Cómo puedes averiguar dónde está ubicada una comunidad? Se puede usar un mapa o un globo terráqueo para hallar la ubicación de una comunidad. En el espacio exterior, hay unas máquinas llamadas satélites que toman fotografías que ayudan a ubicar las comunidades. Muchos conductores usan en sus carros un sistema de posicionamiento global (GPS, por sus siglas en inglés) para encontrar comunidades adonde nunca han ido.

Partes de un mapa

Un mapa tiene muchas partes. El título de un mapa dice lo que muestra el mapa. El título del mapa de esta página es Florida. La rosa de los vientos del mapa muestra cada **punto cardinal:** norte (N), sur (S), este (E) y oeste (O). La rosa de los vientos también puede indicar puntos cardinales intermedios. Los **puntos cardinales intermedios** son noreste (NE), sureste (SE), noroeste (NO) y suroeste (SO).

Los mapas también pueden incluir símbolos. Cada **símbolo** de un mapa representa algo. La leyenda del mapa explica qué representan los símbolos. Observa la escala del mapa, que está encima de la leyenda. La escala de un mapa muestra cómo medir la distancia real que existe entre dos lugares que están en el mapa.

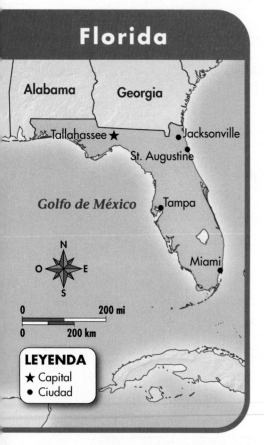

Florida

Alabama

Georgia

Tallahassee ★

Jacksonville

St. Augustine

Golfo de México

Tampa

Miami

N
O   E
S

0   200 mi
0   200 km

LEYENDA
★ Capital
● Ciudad

1. Encierra en un círculo la rosa de los vientos del mapa.

Vocabulario

punto cardinal	ubicación relativa
punto cardinal intermedio	ubicación absoluta
símbolo	hemisferio

Mapas de cuadrícula

Puedes usar una cuadrícula para hallar lugares en un mapa. Una cuadrícula es un patrón de líneas que forman cuadrados. En un mapa de cuadrícula, cada fila de cuadrados tiene una letra y cada columna de cuadrados tiene un número.

Mira el mapa de cuadrícula de Boston, Massachusetts. Muestra lugares como edificios antiguos y monumentos, llamados sitios de interés. Puedes usar la cuadrícula para hallar los sitios de interés. Pon el dedo sobre la letra C. Luego muévelo hacia la derecha, hasta el recuadro 2. Allí encontrarás la casa de Paul Revere: está ubicada en C-2. ¿Dónde está el monumento Bunker Hill? ¿Cuál es la letra y el número del cuadrado? ¡Correcto! Está en A-1.

2. ⊙ **Idea principal y detalles Explica** cómo se usa una cuadrícula para hallar un lugar en un mapa.

....

....

....

....

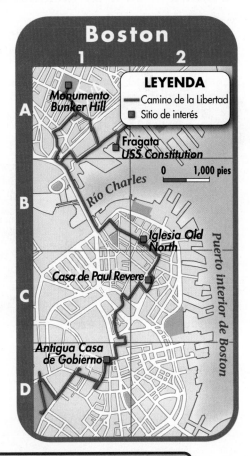

Boston

LEYENDA
— Camino de la Libertad
■ Sitio de interés

0   1,000 pies

Monumento Bunker Hill
Fragata U.S.S. Constitution
Río Charles
Iglesia Old North
Casa de Paul Revere
Antigua Casa de Gobierno
Puerto interior de Boston

Ubicación absoluta y ubicación relativa

Puedes describir la ubicación de un lugar de dos maneras. Puedes decir que Washington, D.C., está en la parte este de los Estados Unidos, a orillas del río Potomac, cerca de Baltimore, Maryland. Esta es la **ubicación relativa**, es decir, una descripción de dónde se encuentra un lugar en relación con otros lugares. Para describir la **ubicación absoluta**, dices exactamente dónde está ubicado un lugar en la Tierra. Puedes hallar la ubicación absoluta de un lugar usando un mapa o un globo terráqueo. Las líneas de latitud y de longitud son líneas imaginarias que sirven para hallar la ubicación absoluta.

El ecuador es una línea de latitud que divide la Tierra en dos partes, o **hemisferios**, llamadas hemisferio norte y hemisferio sur. El Trópico de Cáncer y el Trópico de Capricornio también son líneas de latitud. El primer meridiano es una línea de longitud que divide la Tierra en los hemisferios este y oeste. En el lado opuesto de la Tierra desde el primer meridiano, hay otra línea imaginaria que se llama línea internacional de cambio de fecha.

3. **Encierra** en un círculo una ciudad del hemisferio sur.
   Subraya una ciudad del hemisferio este.

El mundo

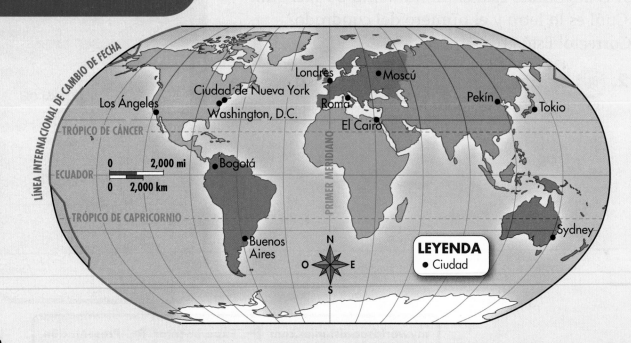

LEYENDA
● Ciudad

Medir distancias

La escala de un mapa te permite medir las distancias reales que existen entre los lugares que están en un mapa.

¿Cómo puedes medir la distancia real entre dos ciudades de un mapa? Primero, coloca una regla justo debajo de la línea de la escala del mapa. Mide cuántas pulgadas de largo tiene la línea. Luego fíjate en el número de la escala del mapa para saber cuántas millas representa una pulgada. Después, usa la regla para medir la distancia entre las dos ciudades. Asegúrate de que la regla toque las dos ciudades. Cuenta el número de pulgadas que hay entre ellas. Por último, haz el cálculo. Por ejemplo, si una pulgada representa 600 millas y hay dos pulgadas entre las ciudades, multiplica 600 millas por dos pulgadas. Así hallarás que la distancia real que existe entre las ciudades es 1,200 millas.

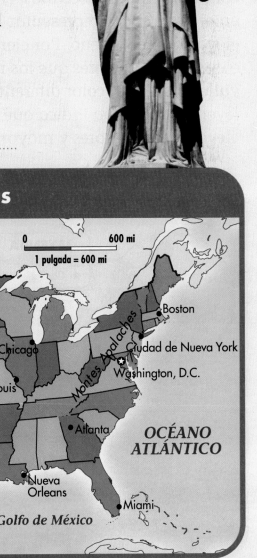

¡Estoy ubicada en la ciudad de Nueva York!

4. **Usa** la escala del mapa para **medir** la distancia entre Atlanta y Washington, D.C.

Estados Unidos

0   600 mi

1 pulgada = 600 mi

Seattle

Montañas Rocosas

Watertown

Chicago

Boston

San Francisco

Denver

Ciudad de Nueva York

OCÉANO PACÍFICO

St. Louis

Montes Apalaches

Washington, D.C.

LEYENDA
✪ Capital de la nación
● Ciudad

Los Ángeles

Tucson

Atlanta

OCÉANO ATLÁNTICO

Houston

Nueva Orleans

Miami

Golfo de México

N O E S

Distintos tipos de mapas

Hay muchos tipos de mapas que se usan con diferentes propósitos. Cuando se representa la superficie redonda de la Tierra en un mapa plano, hay distorsiones. Cuando algo está distorsionado, parece de un tamaño y una forma diferentes de los que tiene el objeto real. Recuerda esto cuando mires cada tipo de mapa.

Un tipo de mapa es el mapa político. Un mapa político muestra los límites, o fronteras, del país y de los estados. En un mapa político también puedes encontrar las principales ciudades y capitales.

Otro tipo de mapa es el mapa físico. En un mapa físico puedes hallar valles, montañas, llanuras y desiertos. También puedes hallar masas de agua, como ríos, lagos y océanos. Se usan diferentes colores en el mapa para representar la altura, es decir, la elevación del terreno. Por ejemplo, los valles tienen elevaciones menores que las montañas. Por eso, los valles tienen un color diferente que las montañas. La leyenda del mapa indica qué colores representan las elevaciones menores y mayores.

Los mapas te pueden ayudar a orientarte cuando haces senderismo.

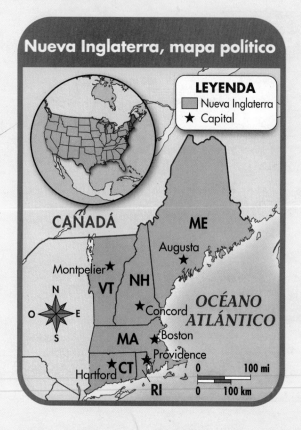

Nueva Inglaterra, mapa político

LEYENDA
Nueva Inglaterra
★ Capital

CANADÁ

ME
Augusta ★

Montpelier ★
VT   NH

★ Concord

OCÉANO ATLÁNTICO

MA   ★ Boston
Providence ★

Hartford ★ CT

RI

N O E S

0   100 mi
0   100 km

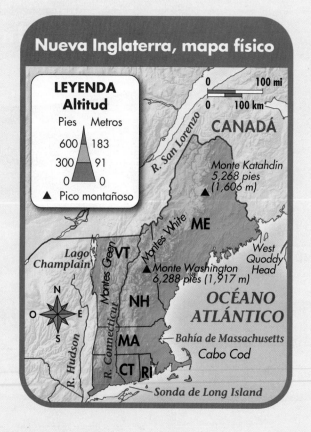

Nueva Inglaterra, mapa físico

LEYENDA
Altitud

Pies   Metros
600   183
300   91
0   0

▲ Pico montañoso

0   100 mi
0   100 km

R. San Lorenzo

CANADÁ

Monte Katahdin
5,268 pies
(1,606 m) ▲

Montes White

ME

Lago Champlain

VT

Montes Green

▲ Monte Washington
6,288 pies (1,917 m)

West Quoddy Head

NH

OCÉANO ATLÁNTICO

Bahía de Massachusetts
Cabo Cod

R. Connecticut

MA

R. Hudson

CT   RI

N O E S

Sonda de Long Island

La población es la cantidad total de personas, o habitantes, que viven en un lugar. Un mapa de población muestra la cantidad de habitantes que viven en ciertas áreas. La leyenda del mapa muestra que las poblaciones con distinta cantidad de habitantes tienen distintos colores.

Nueva Inglaterra, población

LEYENDA
Población

Habitantes por milla cuadrada / por kilómetro cuadrado

1,000 / 386
100 / 39

Límite de condado
★ Capital   ● Ciudad

5. **Encierra** en un círculo una ciudad que tenga una población mayor que Concord.

6. **Busca** en un atlas un mapa político de América del Norte y el Caribe. Luego **usa** el mapa para **rotular** los países de América del Norte y el Caribe en un croquis.

¿Entiendes?

7. ◉ **Generalizar** Hay distintos mapas que se usan con diferentes propósitos. **Escribe** una oración sobre lo que aprendiste para apoyar esta generalización.

....

....

....

8. ❓ Imagina que alguien está buscando tu comunidad en un mapa. **Describe** la ubicación relativa de tu comunidad.

mi Historia: Ideas

....

....

◻ **¡Para!** Necesito ayuda ....

❙❙ **¡Espera!** Tengo una pregunta ....

▷ **¡Sigue!** Ahora sé ....

Destrezas de mapas

Latitud y longitud

Todos los lugares tienen una ubicación. La ubicación absoluta indica dónde está ubicado exactamente un lugar en la Tierra. Para hallar la ubicación absoluta en un mapa o en un globo terráqueo, usas las líneas de latitud y longitud. Estas son líneas imaginarias que rodean la Tierra. El ecuador es una línea de latitud. Las líneas de latitud comienzan en el cero en el ecuador y se numeran en grados hacia el norte (N) y hacia el sur (S). El primer meridiano es una línea de longitud. Las líneas de longitud comienzan en cero en el primer meridiano y se numeran en grados hacia el este (E) y hacia el oeste (O). Mira los dos globos terráqueos para ver las líneas de latitud y longitud.

Ahora mira el mapa. Pon el dedo sobre Nueva Orleans. Ahora fíjate cuáles son las líneas de latitud y longitud más cercanas a la ciudad. Esa es la ubicación absoluta de Nueva Orleans. Es 30° N y 90° O.

Latitud

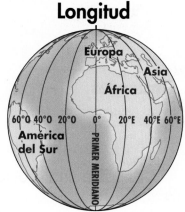

Longitud

Oeste de los Estados Unidos

Objetivo de aprendizaje

Aprenderé a hallar la ubicación absoluta de un lugar en el mapa.

31

¡Inténtalo!

Mira el mapa de abajo. Luego **responde** las preguntas.

1. **Escribe** qué líneas de latitud y longitud están cerca de Pittsburgh.

   ....

2. **Encierra** en un círculo la ciudad que está más cerca de 30° N y 80° O.

3. **Mira** la ruta que va de Boston a Little Rock. **Di** qué líneas de latitud y longitud cruzarías si viajaras por esa ruta.

   ....

Este de los Estados Unidos

LEYENDA
— Ruta
• Ciudad

CANADÁ

60° O

Boston

40° N

Pittsburgh

OCÉANO ATLÁNTICO

Little Rock

Atlanta

Charleston

N

O   E

S

30° N

Jacksonville

0   400 mi

0   400 km

MÉXICO

Golfo de México

Miami

100° O   90° O   80° O   70° O

Tres tipos de comunidades

¡Imagínalo!

Marca con una X el recuadro que está en la fotografía que muestra el tipo de comunidad donde tú vives.

¿En qué tipo de comunidad vives? Si tu comunidad está en el campo donde hay mucho espacio abierto, entonces vives en una comunidad **rural**. Si vives en una gran ciudad, vives en una comunidad **urbana**. Y si vives en una comunidad **suburbana**, vives cerca de una gran ciudad.

Comunidades rurales

Belle Plaine, en Iowa, es una comunidad rural. Está en el campo. Belle Plaine está en el condado de Benton y queda a unas 40 millas al suroeste de los Cedar Rapids, en Iowa.

Actualmente, cerca de 3,000 personas viven en Belle Plaine. Les gusta reunirse y divertirse durante el año. El Cuatro de Julio, hay fuegos artificiales, música y un desfile. Tienen un tipo especial de desfile: un desfile de tractores. ¡Más de 500 tractores desfilan por Belle Plaine y otras comunidades rurales de Iowa!

Un desfile de tractores pasa por una comunidad rural.

Vocabulario

rural
urbano
suburbano

Algunas personas que viven en comunidades rurales viven y trabajan en granjas. Los granjeros cultivan maíz, trigo y muchas otras plantas. Las personas de los pueblos más grandes y de las ciudades dependen de estas granjas para obtener frutas y verduras frescas.

Las personas de las comunidades rurales también dependen de otras comunidades. Viajan a comunidades suburbanas o urbanas. Estas comunidades tienen grandes centros comerciales, es decir, lugares con muchas tiendas. Las personas que viven en comunidades rurales pueden comprar en esas tiendas la ropa, los juguetes y los comestibles que necesitan.

1. **Escribe** sobre lo que podrías ver en una comunidad rural.

....

....

....

Es común ver granjas en las comunidades rurales.

Comunidades suburbanas

Dale City, en Virginia, es una comunidad suburbana. Queda a unas 30 millas de Washington, D.C., y está ubicada en el condado de Prince William, en el norte de Virginia. En la actualidad, unas 71,000 personas viven en Dale City.

Como en otras comunidades suburbanas, hay muchas casas con patios que se alinean en las calles de Dale City. Seguramente allí encontrarás una biblioteca, una oficina de correos, tiendas, un cine y parques. Tras un corto viaje en carro, encontrarás un parque acuático y un enorme centro comercial.

Los habitantes de Dale City están orgullosos de su comunidad suburbana. Cuando hay basura en las calles, las personas ayudan con la limpieza. Cortan el pasto y limpian las calles, al igual que las personas que viven en otras comunidades suburbanas de todo el país y del mundo.

Dale City, Virginia

Las personas trabajan juntas para mantener limpia su comunidad.

Hay muchísimas actividades para los niños en Dale City. Pueden ir a nadar a la piscina comunitaria o jugar al básquetbol en un parque local. También se pueden unir a una liga de béisbol o de fútbol.

Muchas personas que viven en comunidades suburbanas trabajan en una ciudad cercana. Algunos de los habitantes de Dale City trabajan en Washington, D.C. Mientras algunos viajan en carro o camionetas por las autopistas congestionadas, otros prefieren tomar un autobús expreso para ir a trabajar.

Las personas empezaron a mudarse a las comunidades suburbanas para alejarse de las ciudades superpobladas. Las nuevas autopistas hicieron crecer las comunidades suburbanas. Como se podía llegar a la ciudad rápidamente y de forma segura, vivir en los suburbios se hizo más común. Las autopistas también hacen que sea fácil volver de la ciudad. ¡Tomas una salida de la autopista y ya casi estás en casa!

2. ◎ **Generalizar Haz una lista** de dos hechos para apoyar esta generalización: Hay muchas actividades que los niños de Dale City pueden disfrutar.

....

....

....

Las personas que viven en los suburbios usan las autopistas para ir a la ciudad y volver.

Comunidades urbanas

Muchas personas viven, trabajan y juegan en comunidades urbanas como San Francisco, California. Hoy en día, viven unas 800,000 personas en San Francisco. La mayoría vive en edificios de apartamentos o en hileras de casas idénticas. Estas casas tienen paredes en común. En San Francisco y en otras ciudades, las personas trabajan en edificios altos, o rascacielos.

Muchas personas de las comunidades suburbanas viajan a San Francisco a trabajar. También pueden ir a comprar en las tiendas, visitar museos y comer en restaurantes. Algunos viajan a San Francisco en carro o en autobús desde el otro lado del puente Golden Gate. Otras personas toman ferris. Ya en la ciudad, pueden viajar en tranvía por las empinadas calles de San Francisco.

San Francisco

3. 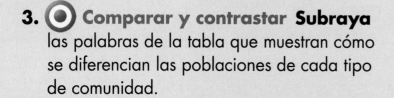 **Comparar y contrastar Subraya** las palabras de la tabla que muestran cómo se diferencian las poblaciones de cada tipo de comunidad.

Características de las comunidades

	Rural	Suburbana	Urbana
Ubicación	en el campo	cerca de una gran ciudad	en una gran ciudad
Población	pequeña	mediana	grande
Edificios	granjas, graneros	casas, centros comerciales	edificios de apartamentos, casas en hilera, rascacielos

4. ◉ **Generalizar Escribe** una generalización sobre una comunidad urbana. Luego **escribe** dos hechos para apoyar tu generalización.

....

....

....

....

....

....

5. ⦗?⦘ **Describe** el tipo de comunidad en la que vives. **Explica** en qué se parece a otro tipo de comunidad y en qué se diferencia.

mi Historia: Ideas

....

....

....

....

....

....

⬛ **¡Para!** Necesito ayuda ....

❙❙ **¡Espera!** Tengo una pregunta ....

▶ **¡Sigue!** Ahora sé ....

Repaso y Evaluación

Lección 1

¿Qué es una comunidad?

1. **Haz un dibujo** que muestre cómo puede cambiar una comunidad con el tiempo.

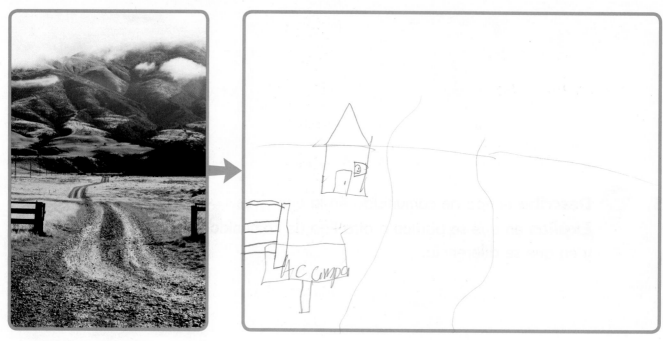

Antes

Ahora

2. 🎯 **Generalizar Lee** los tres hechos. Luego **encierra** en un círculo la generalización que se puede hacer sobre esos hechos.

Hechos

- Las personas trabajan juntas en las comunidades.

- Las personas se divierten entre sí en las comunidades.

- Las personas se ayudan mutuamente en las comunidades.

Generalizaciones

- En las comunidades viven muchas personas.

- Las personas hacen que las comunidades sean lugares especiales para vivir.

- Las personas se dedican a la agricultura en algunas comunidades.

Repaso y Evaluación

Lección 2

¿Dónde están ubicadas las comunidades?

3. **Haz una lista** de tres cosas que puedes ver en un mapa político.

1-Limites o fronteros

2-ciudades

3-capitales

4. **Mira** el mapa político de Oklahoma. **Encierra** en un círculo la capital de Oklahoma. **Subraya** la ciudad que está al sureste de la capital.

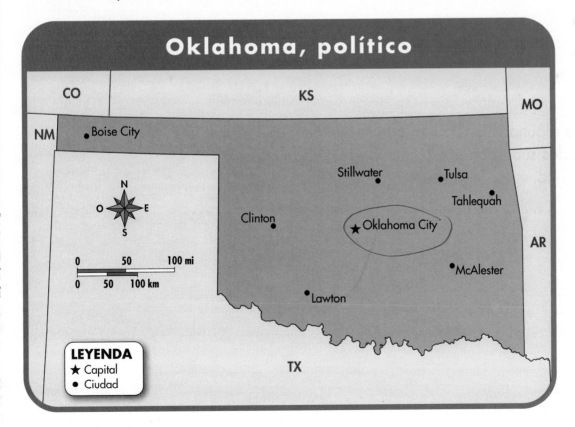

Oklahoma, político

CO

KS

MO

NM

Boise City

NM

Stillwater

Tulsa

Tahlequah

Clinton

Oklahoma City

AR

0   50   100 mi
0   50   100 km

McAlester

Lawton

LEYENDA
★ Capital
● Ciudad

TX

Repaso y Evaluación

Lección 3

Tres tipos de comunidades

5. Rellena el círculo de la respuesta correcta.

En una comunidad rural, ¿qué es más probable que haya?

- ○ edificios altos
- ● granjas
- ○ un parque de diversiones
- ○ un tren subterráneo

6. Haz una lista de tres actividades que pueden hacer las personas en una comunidad suburbana para divertirse.

Ir al al parque. Ir un cine.

7. Describe algunas maneras en que se puede viajar desde comunidades suburbanas a comunidades urbanas como San Francisco.

Usar un bus. Usar tren. Y taxi.

myworldsocialstudies.com ▶ Comprender ▶ Repaso del vocabulario

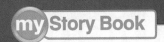

Conéctate en línea para escribir e ilustrar tu **myStory Book** usando **miHistoria: Ideas** de este capítulo.

¿Cómo es una buena comunidad?

En este capítulo, has aprendido sobre las comunidades y dónde están ubicadas. Las personas viven en comunidades rurales, suburbanas y urbanas. En cada tipo de comunidad, las personas trabajan juntas para que sea un mejor lugar para vivir.

Piensa en tu comunidad. **Escribe** sobre lo que puedes hacer para que sea un mejor lugar para vivir.

En mi comunidad yo voy a limpiar el comunidad y plantar vegetales.

Ahora **haz un dibujo** que muestre personas de tu comunidad que trabajan para que sea un mejor lugar para vivir.

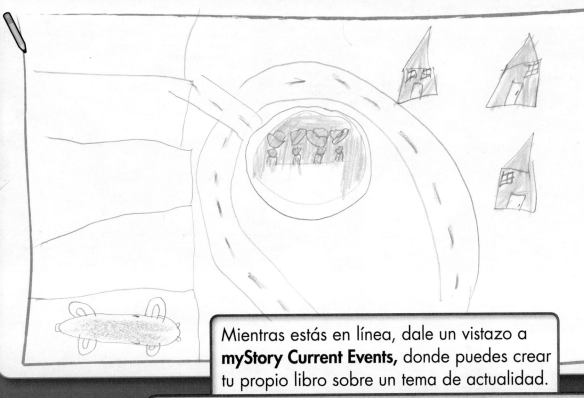

Mientras estás en línea, dale un vistazo a **myStory Current Events,** donde puedes crear tu propio libro sobre un tema de actualidad.

Capítulo 2

Nuestro medio ambiente

mi Historia: ¡Despeguemos!

¿Cómo es nuestra interacción con el planeta?

Piensa en tu entorno. Luego **describe** el tiempo y las características del terreno y del agua.

El tiempo es nublado. El suelo es aspero con pequeña racas. Con un río.

42

Jacques-Yves Cousteau

Aventurero submarino

mi Historia: Video

El mar, los lagos y los ríos son necesarios para vivir. Las personas dependen de ellos para obtener agua potable, alimentos y transporte. Aunque siempre se han usado estas masas de agua, muy pocas personas sabían realmente lo que había debajo de la superficie hasta la década de 1930. Entonces, Jacques-Yves Cousteau cambió la historia.

En la década de 1930, Cousteau comenzó a investigar la vida submarina. Se colocó sus gafas de natación, contuvo la respiración y comenzó a nadar. Pero Cousteau quería llegar a las profundidades del océano. También quería poder nadar durante períodos más largos. Cousteau trabajó junto a Émile Gagnan para crear una máquina con la que se pudiera respirar debajo del agua; esta máquina se llamó Aqua-Lung™. Se podía llevar en la espalda mientras se nadaba. Le permitía a Cousteau nadar en aguas más profundas y respirar por períodos más largos.

Al poco tiempo, Cousteau comenzó a viajar a diferentes océanos. Deseaba comunicar lo que hallaba debajo del agua. Con ayuda, desarrolló una cámara submarina que tomaba fotografías de lo que veía.

Cousteau usaba traje de buceo y una máquina para respirar.

43

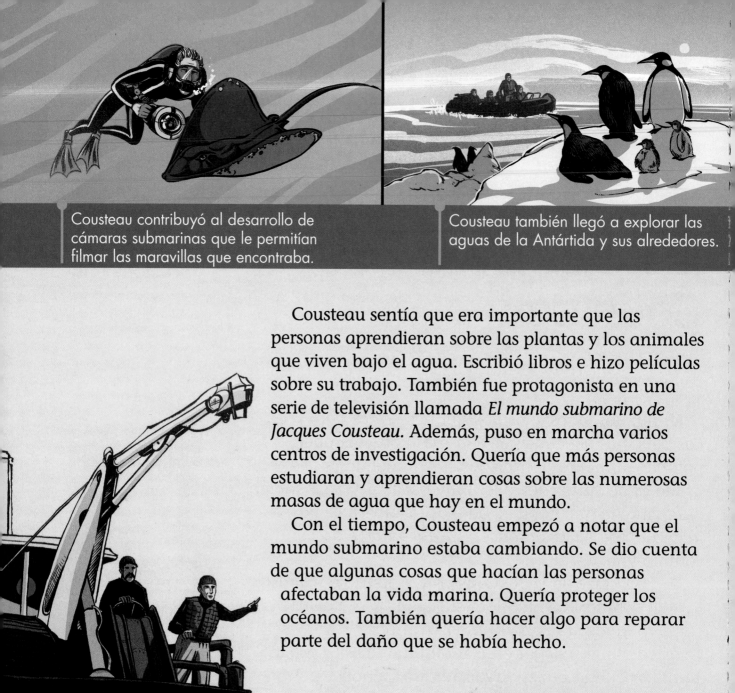

Cousteau contribuyó al desarrollo de cámaras submarinas que le permitían filmar las maravillas que encontraba.

Cousteau también llegó a explorar las aguas de la Antártida y sus alrededores.

Cousteau sentía que era importante que las personas aprendieran sobre las plantas y los animales que viven bajo el agua. Escribió libros e hizo películas sobre su trabajo. También fue protagonista en una serie de televisión llamada *El mundo submarino de Jacques Cousteau*. Además, puso en marcha varios centros de investigación. Quería que más personas estudiaran y aprendieran cosas sobre las numerosas masas de agua que hay en el mundo.

Con el tiempo, Cousteau empezó a notar que el mundo submarino estaba cambiando. Se dio cuenta de que algunas cosas que hacían las personas afectaban la vida marina. Quería proteger los océanos. También quería hacer algo para reparar parte del daño que se había hecho.

Cousteau y su tripulación viajaban hacia las profundidades del océano en lo que se conoció como platillo sumergible.

Cousteau comenzó a ver cambios que indicaban que el mundo submarino estaba sufriendo daños.

Cousteau les dijo a los líderes del mundo que era necesario proteger los océanos.

A principios de la década de 1970, Cousteau fundó la Sociedad Cousteau. El grupo se creó como ayuda para proteger la vida marina que se estaba dañando por las acciones de las personas. En la actualidad, esta organización tiene más de 50,000 miembros. La Sociedad Cousteau continúa estudiando los océanos y trabajando para protegerlos. También enseña a la gente sobre los océanos.

En todo el mundo hay sitios de interés, algunos hechos por el hombre y otros naturales, que mantienen viva la visión de futuro de Cousteau. En Belice, el Sistema de Reservas de la Barrera del Arrecife es el hogar de muchas especies de animales amenazadas. Allí se sigue explorando la vida marina. En el Acuario de Vancouver, en el Canadá, las personas protegen la vida marina y ayudan a animales enfermos o heridos a recuperarse.

Piénsalo Según esta historia, ¿por qué crees que es importante proteger los océanos? A medida que lees el capítulo, piensa en cómo las personas pueden afectar y cambiar la tierra y el agua.

Yo creo quero tegre la oceano es ser porque todos los dias personas tienen

La tierra y el agua

¡Imagínalo!

Tennessee

Lagos de Kentucky

Río Mississippi

Llanura Costera del Golfo

Río Tennessee

Encierra en un círculo los ríos que ves en el mapa de Tennessee.

Glaciar

Isla

Península

La geografía es el estudio de la Tierra y sus habitantes. La Tierra está compuesta tanto de tierra como de agua. Las superficies de tierra más extensas del planeta son los siete **continentes:** América del Norte, América del Sur, Europa, África, Asia, Australia (también llamado Oceanía) y la Antártida. Los cuatro océanos son el océano Pacífico, el océano Atlántico, el océano Índico y el océano Glacial Ártico.

Los accidentes geográficos y las masas de agua

En cada uno de los siete continentes, existen muchos accidentes geográficos. Un **accidente geográfico** es la forma que tiene una parte de la superficie terrestre.

Los glaciares, las montañas, las colinas, las islas y las penínsulas son accidentes geográficos. Los glaciares están compuestos por hielo y nieve. Las montañas son masas continentales que se elevan sobre el terreno que las rodea. Algunas montañas tienen la cima redondeada, mientras que otras terminan en un pico rocoso. Las colinas por lo general son más bajas que las montañas y tienen cimas redondeadas. Las islas son superficies de tierra completamente rodeadas por agua. Las penínsulas están unidas a tierra firme y están rodeadas por agua casi por completo. Generalmente, el agua forma el límite de solo tres lados de la península.

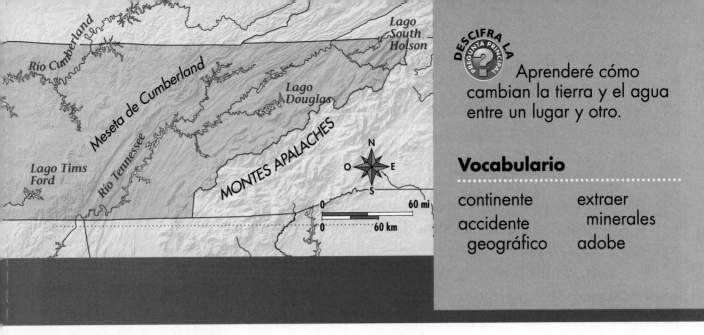

DESCIFRA LA PREGUNTA PRINCIPAL

Aprenderé cómo cambian la tierra y el agua entre un lugar y otro.

Vocabulario

continente   extraer

accidente   minerales

geográfico   adobe

Al igual que los accidentes geográficos, las masas de agua tienen diversas formas y tamaños. Busca en el mapa los cuatro océanos. Los océanos son las masas de agua salada más extensas de la Tierra. Los lagos y los ríos nos proporcionan agua dulce. Los Grandes Lagos de los Estados Unidos son los lagos de agua dulce más extensos del mundo. Son el lago Superior, el lago Michigan, el lago Hurón, el lago Erie y el lago Ontario.

1. **Encierra** en un círculo un accidente geográfico de América del Norte. **Subraya** la masa de agua que está al norte de Asia.

El mundo

La tierra y el agua en los Estados Unidos

Los geógrafos que estudian la superficie de la Tierra suelen dividir los Estados Unidos en regiones. Los estados de cada región se agrupan según su ubicación y los accidentes geográficos que comparten. Los Estados Unidos están organizados en cinco regiones: el Oeste, el Medio Oeste, el Noreste, el Sureste y el Suroeste.

En las diferentes regiones de los Estados Unidos, se pueden encontrar muchos accidentes geográficos. Los montes Apalaches se extienden a través de las regiones del Sureste y Noreste. Entre las montañas hay superficies bajas que se llaman valles. Las llanuras, como las Grandes Llanuras, también son superficies bajas y suelen ser muy planas. Las Grandes Llanuras cubren partes de las regiones del Medio Oeste, del Suroeste y del Oeste. Las mesetas, como la meseta de Columbia, que se halla en la región del Oeste, son superficies altas con laderas empinadas y cimas planas. En la región del Oeste también hay montañas.

Región del Oeste

Las masas de agua más extensas de los Estados Unidos son los ríos y los lagos. Ubica el río Mississippi en el mapa. Con más de 2,000 millas de longitud, es el segundo río más largo de los Estados Unidos. Atraviesa las regiones del Medio Oeste y el Sureste. Los Grandes Lagos, en las regiones del Medio Oeste y del Noreste, forman parte de la frontera entre el Canadá y los Estados Unidos.

2. **Mira** el mapa de la página siguiente. **Rotula** los estados de cada una de las cinco regiones de los Estados Unidos.

Región del Suroeste

Región del Noreste

Región del Medio Oeste

Regiones de los Estados Unidos

Meseta de Columbia

Montañas Rocosas

Grandes Llanuras

Grandes Lagos

Río Mississippi

Río Ohio

Montes Apalaches

OCÉANO PACÍFICO

Río Grande

OCÉANO ATLÁNTICO

LEYENDA
- Región del Noreste
- Región del Medio Oeste
- Región del Sureste
- Región del Suroeste
- Región del Oeste

Región del Sureste

Las cinco regiones de los Estados Unidos

En la región del Noreste se encuentran algunas de las ciudades más grandes de los Estados Unidos, como la Ciudad de Nueva York, en el estado de Nueva York, y Filadelfia, en Pennsylvania. Esta región tiene zonas de colinas, costas con bordes rocosos y tierras de cultivo. Además, muchas personas aprovechan la costa para pescar. Las costas son zonas de tierra plana ubicadas cerca del agua.

La casa de esta plantación se construyó en la región del Sureste a principios del siglo XIX.

Los primeros colonos de la región del Sureste construyeron extensas granjas llamadas plantaciones. Sin embargo, en la actualidad la región es más conocida por sus extensas costas. A lo largo de la costa, las personas pescan, disfrutan del tiempo cálido y van a la playa. Tierra adentro, muchas personas se dedican a cultivar la tierra fértil.

La región del Medio Oeste es una de las superficies más planas de los Estados Unidos. En esta región, muchas personas trabajan en granjas. Otras **extraen minerales** en las minas, es decir, sacan de la tierra materiales como carbón y hierro.

Muchos estados de la región del Suroeste fueron alguna vez parte de México. Los desiertos de esta región son el hogar de muchos indígenas americanos. Hace mucho tiempo, los primeros colonos y los indígenas usaban unos ladrillos secados al sol, conocidos como **adobe,** para crear viviendas y otras construcciones. En la actualidad, las personas del Suroeste siguen construyendo con adobe.

En la región del Suroeste hay casas hechas de adobe.

El Oeste es una región de montañas. En esta región se encuentran las Montañas Rocosas, que son unas de las más altas de los Estados Unidos. Otras cordilleras son las cordilleras costeras y la cordillera de Alaska. La región del Oeste también tiene una costa extensa. Muchas personas visitan el Oeste para hacer excursiones, ir de pesca y acampar. También visitan esta región para ir a las playas.

3. ⊙ **Causa y efecto** **Explica** qué podría causar que las personas de una región trabajen en granjas.

....

....

....

....

....

La mayoría del maíz que se produce en los Estados Unidos se cultiva en la región del Medio Oeste.

¿Entiendes?

4. ⊙ **Causa y efecto** **Escoge** una región de los Estados Unidos. **Escribe** sobre por qué los accidentes geográficos pueden afectar algunas de las actividades que realizan las personas. **Mira** los mapas y las fotografías para buscar pistas.

....

....

....

5. ❓ **Describe** los accidentes geográficos y las masas de agua que hay cerca de donde vives. **Escribe** sobre cómo afectan las actividades que realizas.

mi **Historia: Ideas**

....

....

....

⬛ **¡Para!** Necesito ayuda ....

⏸ **¡Espera!** Tengo una pregunta ....

▶ **¡Sigue!** Ahora sé ....

El tiempo y el clima

Los osos polares viven en zonas frías.

Los caimanes viven en zonas húmedas.

¡Imagínalo!

Dibuja un animal que te guste. Añade detalles que muestren cómo es el tiempo en el lugar donde vive ese animal.

Esta selva está ubicada en un clima cálido y húmedo. Aquí crecen plantas todo el año.

¿Cómo está el tiempo hoy? Cuando explicas cómo está el **tiempo**, hablas de cómo son las condiciones diarias en el exterior. Puede hacer calor, puede estar lluvioso o puede hacer frío. El **clima** es el tiempo que hay en un lugar durante un período extenso. Hay tres partes que forman el clima de una región: la temperatura, la precipitación y el viento. La temperatura es cuánto calor o cuánto frío hace. La precipitación es la cantidad de lluvia o nieve que cae.

Regiones climáticas

El clima varía de una región a otra. De hecho, el clima de una región depende de su ubicación en la Tierra. Los lugares ubicados cerca de la línea del ecuador reciben más luz solar directa. Los lugares que están lejos del ecuador reciben menos luz solar directa.

Las masas de agua determinan el clima de los lugares cercanos. Influyen en la cantidad de lluvias que hay en estos lugares. Las masas de agua también producen cambios de temperatura porque se calientan y se enfrían más lentamente que la tierra. En verano, los vientos que soplan desde el agua enfrían la tierra. En invierno, los vientos que soplan desde el agua calientan la tierra. La **altitud**, es decir, la altura del terreno sobre el nivel del mar, también influye en el clima. Los lugares altos y las montañas son frescos la mayor parte del año.

DESCIFRA LA PREGUNTA PRINCIPAL

? Aprenderé cómo influye el clima en la tierra, las plantas y los animales.

Vocabulario

tiempo   vegetación
clima   ecosistema
altitud

En el mapa de América del Norte se muestran las distintas regiones climáticas del continente. Los climas árticos son frescos o fríos la mayor parte del año. Los climas tropicales son húmedos y calurosos la mayor parte del año. Los climas templados no son tan fríos como los climas árticos ni tan calurosos como los climas tropicales. La mayor parte de los Estados Unidos está en una región de clima templado. Sin embargo, en algunas partes del Oeste hay climas desérticos. En el desierto, cae muy poca lluvia. La temperatura durante el día puede ser muy caliente, pero durante la noche puede ser muy fría.

1. **Mira** el mapa. **Escribe** el nombre del clima más común en Canadá.

Regiones climáticas de América del Norte

GROENLANDIA (Dinamarca)

CANADÁ

OCÉANO PACÍFICO

ESTADOS UNIDOS

OCÉANO ATLÁNTICO

0   1,000 mi
0   1,000 km

Golfo de México

MÉXICO

Mar Caribe

N O E S

LEYENDA
- Tropical
- Templado
- Desértico
- Ártico

El clima y las plantas

El clima de un lugar influye en los tipos de plantas que crecen en ese lugar. Tanto la temperatura como la cantidad de lluvia determinan los tipos de **vegetación,** es decir, las clases de plantas que crecen. En los Estados Unidos hay cuatro tipos principales de vegetación: bosque, pastizal, tundra y desierto. Los diversos animales dependen de la vegetación que crece en la zona.

En las regiones climáticas que tienen abundantes lluvias, existen grandes bosques. Hay bosques en muchas partes de los Estados Unidos. De hecho, hace no mucho tiempo, ¡los bosques cubrían la mayor parte de América del Norte! En la actualidad, muchos bosques se hallan en partes de la región del Oeste, cerca de los Grandes Lagos, y en el este de los Estados Unidos. Animales como osos, venados y mapaches viven en los bosques.

Los pastizales cubren gran parte de las llanuras de los Estados Unidos. Algunas zonas de las Grandes Llanuras reciben lluvia suficiente para que allí crezcan pastos altos, arbustos de bayas e incluso árboles pequeños. Sin embargo, en el oeste de las Grandes Llanuras, hay menos lluvias. Aquí los pastos son bajos. Los perros de las praderas que viven en esta región cavan la tierra y se alimentan de esos pastos.

Tanto la vegetación de la tundra como la del desierto se encuentran en lugares con clima seco. En los climas árticos de Alaska, la tierra se llama tundra. En la tundra, el suelo permanece congelado casi todo el año y hace demasiado frío para que crezcan árboles. Sin embargo, crecen musgos, líquenes y algunos arbustos. Un tipo de venado que se llama caribú usa sus pezuñas para quitar la nieve del suelo y alimentarse del musgo y los líquenes que arranca del terreno congelado.

En algunas partes de Alaska, la tundra tiene arbustos y musgos.

En los climas desérticos, las únicas plantas que sobreviven son las que pueden vivir con muy poca agua. En algunos desiertos se pueden hallar pastos y arbustos. En los desiertos de la región del Oeste, hay cactus de gran tamaño que se llaman saguaros. Los saguaros también crecen en México. Estas plantas tienen raíces largas que les permiten absorber el agua de una gran superficie. El saguaro puede llegar a los 50 pies de altura. ¡Casi como un edificio de cinco pisos!

Los animales que habitan el desierto están preparados para sobrevivir las altas temperaturas del día. Algunos animales, como las tortugas del desierto, se mantienen frescas porque pasan la mayor parte del tiempo bajo tierra. Otros animales solo salen por la noche, cuando está más fresco.

2. 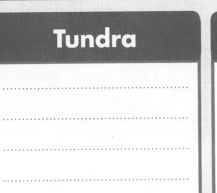 **Idea principal y detalles** **Completa** cada recuadro con dos detalles sobre cada tipo de vegetación.

Bosque	Pastizal

Tundra	Desierto

Las plantas que crecen en el desierto necesitan cantidades muy pequeñas de agua.

Las plantas y los animales trabajan juntos

Los bosques, los desiertos y los pastizales tienen cada uno diferentes ecosistemas. En un **ecosistema**, todos los seres vivos, como las plantas y los animales, interactúan entre sí.

Tanto en los ecosistemas del bosque como en los de la selva, las aves, las ardillas y otros animales dependen de los árboles para vivir. Las aves y otros animales construyen nidos en los árboles. También comen sus frutos. Algunas de las semillas que comen los animales caen al suelo y luego se convierten en árboles. La vegetación de estos ecosistemas necesita de los animales para esparcir las semillas.

En el desierto, los cactus son importantes para muchos animales. Animales como el murciélago hocicudo menor beben el néctar de las flores de los cactus que florecen por la noche. De esta manera, los murciélagos transportan el polen de un cactus a otro. Esto permite que nazca el fruto del cactus. Además, las aves hacen sus nidos en las ramas resecas de los cactus. Otros animales, como la liebre americana, comen partes del cactus.

Murciélago hocicudo menor

Los lugares que tienen un tipo de vegetación semejante pueden tener ecosistemas diferentes. Los pastizales del centro de los Estados Unidos no tienen el mismo ecosistema que los pastizales del continente africano. Algunos pastizales de África reciben más lluvias. Allí, ¡los pastos pueden crecer hasta alcanzar siete pies de altura! En este ecosistema, los elefantes comen los pastos altos.

En los ecosistemas de los lagos y los pantanos del sureste de los Estados Unidos, los caimanes cavan hoyos de gran tamaño que parecen estanques. Los caimanes usan estos hoyos como lugar de descanso. Además, las aves y los peces aprovechan los hoyos porque son poco profundos.

Liebre americana

3. 🎯 **Causa y efecto Escoge** un ecosistema.
Explica el efecto que los animales tienen sobre
su vegetación.

....

....

....

....

....

4. 🎯 **Causa y efecto Explica** el efecto que tiene el clima sobre la vegetación
que crece en una región.

....

....

5. ❓ **Escribe** sobre cómo el tiempo o el clima influye
en tu forma de vida.

mi **Historia: Ideas**

....

....

....

....

⬛ **¡Para!** Necesito ayuda ....

⏸ **¡Espera!** Tengo una pregunta ....

▶ **¡Sigue!** Ahora sé ....

Destrezas de mapas

Interpretar mapas

Los mapas muestran distintas clases de información. Los mapas que muestran detalles sobre la tierra son mapas físicos. En los mapas de altitud, se usan colores para indicar la altura del suelo sobre la superficie del mar, o el nivel del mar.

En el mapa de altitud, coloca el dedo sobre la costa oeste. Mueve el dedo por el mapa hacia el este. Allí están las Montañas Rocosas, que están coloreadas en su mayor parte de café y morado. La leyenda del mapa indica que la tierra coloreada de morado tiene una altitud mayor que 10,000 pies sobre el nivel del mar. La tierra coloreada de café tiene una altitud de entre 6,000 y 10,000 pies sobre el nivel del mar.

Altitud en los Estados Unidos

Aprenderé a leer mapas de altitud.

Las Grandes Llanuras están coloreadas de amarillo en su mayor parte. Esto significa que la altitud es de 1,000 a 3,000 pies sobre el nivel del mar. En la costa este, la mayor parte de las tierras están coloreadas de verde oscuro. Por lo tanto, la altitud del suelo está entre los 0 y 500 pies sobre el nivel del mar.

¡Inténtalo!

Lee el mapa de altitud. Luego responde las preguntas.

1. **Mira** la leyenda del mapa. **Escribe** el color que muestra una altitud de entre 500 y 1,000 pies sobre el nivel del mar.

   ....

2. **Localiza** los montes Apalaches en el este. **Escribe** la altitud de la mayor parte de los montes Apalaches.

   ....

   ....

3. **Localiza** Orlando, Florida. Luego **escribe** su altitud.

   ....

   ....

4. **Escribe** cómo puedes hallar la altitud de una superficie de tierra.

   ....

   ....

   ....

   ....

Uso de los recursos de la Tierra

¡Imagínalo!

El agua es importante para todos los seres vivos. Escribe cómo usas tú el agua.

La Tierra tiene muchos recursos naturales diferentes. Algunos recursos naturales, como el suelo y los árboles, se hallan en la tierra. Otros recursos naturales son minerales, como el oro y el hierro. El agua también es un recurso natural importante. Las personas usan el agua para satisfacer muchas de sus necesidades.

Los recursos naturales

En América del Norte hay muchos recursos naturales. El Canadá tiene muchos minerales, bosques y tierras fértiles. En México se hallan recursos naturales como el hierro y el oro. En Trinidad y Tobago hay petróleo, y hay bosques y tierras fértiles a lo largo y a lo ancho de las islas del Caribe.

Hay bosques en partes de la región del Oeste de los Estados Unidos. En otras partes, hay tierras fértiles. Los animales pueden alimentarse de los pastos que crecen en las zonas más secas. En el Oeste también hay minerales, como el oro.

En la región del Suroeste, la tierra se usa para la minería y la cría de animales, como las vacas. También se puede hallar petróleo, un recurso natural que se usa en los combustibles. Este recurso natural se encuentra en partes de Oklahoma y Texas.

Para cultivar alimentos se necesita tierra fértil.

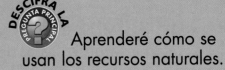
Vocabulario

región agrícola	recurso no renovable
región industrial	conservar
recurso renovable	erosión
	reciclar

Hay tierra fértil en partes de las regiones del Medio Oeste, Noreste y Sureste. En estas regiones se siembran muchos cultivos. En el mapa puedes ver que también hay carbón en las tres regiones. En el norte de la región del Medio Oeste hay hierro.

1. **Encierra** en un círculo tres tipos de recursos naturales del Oeste.

Recursos de los Estados Unidos

Región del Noreste

Región del Medio Oeste

Región del Oeste

Región del Suroeste

Región del Sureste

Región del Oeste

0 400 mi
0 400 km

0 100 mi
0 100 km

0 250 mi
0 250 km

LEYENDA
Zona agrícola
Zona industrial
Otros usos
— Límite regional
Petróleo
Carbón
Hierro
Oro
Madera

La agricultura y los productos

Los recursos naturales se usan para fabricar los productos que las personas necesitan. En una **región agrícola,** es decir, en un lugar en el que la tierra es principalmente plana y fértil, las personas usan el suelo para sembrar cultivos.

Los agricultores siembran muchos cultivos diferentes. Los cinco cultivos principales en los Estados Unidos son el maíz, la soya, el heno, el trigo y el algodón. Algunos cultivos se usan para producir alimentos y otros se usan para fabricar productos. El algodón se usa para fabricar tela para ropa. Muchos recipientes plásticos y asientos de carros se hacen con la soya.

En otras regiones agrícolas, se plantan frutas y verduras para producir alimentos. También se usan pastos para dar de comer a los animales, como las vacas y las ovejas.

Con los recursos naturales que crecen en la tierra también se hacen otros productos. En algunas regiones boscosas se talan árboles. Luego los árboles se envían a aserraderos y se transforman en madera para la construcción. La madera de los árboles también se usa para hacer pasta de papel para fabricar productos de papel.

Algodón

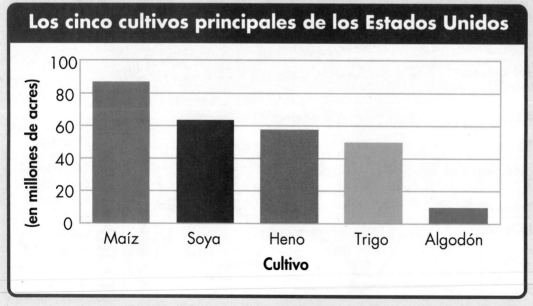

Los cinco cultivos principales de los Estados Unidos

Fuente: Departamento de Agricultura de los Estados Unidos, Servicio Nacional de Estadísticas Agrícolas, 2007

La industria y los productos

Con los recursos que se hallan debajo de la tierra también se fabrican productos. Muchos de estos productos se hacen en las regiones industriales. Una **región industrial** es un lugar donde hay muchos tipos de fábricas. En los Estados Unidos, muchas regiones industriales se ubican cerca de ciudades grandes como Chicago, Illinois, y Detroit, Michigan.

La gasolina se hace con petróleo.

En muchos lugares donde hay petróleo y gas natural, estos recursos se extraen del suelo por medio de bombas. Luego el petróleo se usa para hacer combustibles como la gasolina. El petróleo también se puede calentar para hacer plástico. Luego el plástico se usa para hacer muchos productos, como teléfonos, bolsas plásticas… ¡y hasta juguetes! La mayoría de las personas usan la gasolina como combustible para los automóviles. También usan gas o petróleo para calentar el agua y las casas. Además, las personas extraen de las minas carbón, cobre, zinc y hierro. El carbón se usa para generar electricidad. Las monedas, incluidas las de un centavo, están hechas con cobre y zinc. El hierro se usa para hacer acero. El acero se usa para fabricar automóviles y materiales de construcción.

Los minerales se funden para producir objetos, como las monedas.

2. **Mira** la tabla. **Escribe** un recurso natural que se usa para hacer o cultivar cada par de productos.

Productos	verduras trigo	madera papel	teléfonos juguetes
Recurso natural			

Proteger los recursos

Algunos recursos que usan las personas, como los árboles y el suelo, son recursos renovables. Un **recurso renovable** es un recurso que puede reemplazarse en poco tiempo. Muchos de los recursos que se hallan debajo de la tierra son recursos no renovables.

Los **recursos no renovables** son los que tardan mucho tiempo en ser reemplazados o que no pueden ser reemplazados una vez que se han usado. El carbón, el petróleo y el gas natural son recursos no renovables. Para asegurarse de que todos tengan suficientes recursos naturales para vivir, las personas intentan **conservar** esos recursos, es decir, cuidarlos y protegerlos.

Una manera de conservar los recursos es usarlos menos. Muchas personas intentan usar menos gas natural o menos agua. También podemos conservar recursos al usarlos con más cuidado. Algunos agricultores plantan árboles cerca de sus cultivos o tiras de pasto entre las filas de cultivos. Estas plantas ayudan a impedir la **erosión**, es decir, el desgaste del suelo producido por la lluvia, el viento y los ríos cercanos. Las plantas permiten mantener el suelo en su lugar.

Otra manera de proteger los recursos naturales es reciclarlos. **Reciclar** significa usar un objeto más de una vez. Las botellas plásticas, los periódicos, las latas de aluminio y las botellas de vidrio son objetos que se reciclan todos los días. En muchos vecindarios, hay camiones que recogen estos objetos de los cestos de basura que hay en las calles. Muchas fábricas usan materiales reciclados para hacer nuevos productos, en lugar de usar recursos naturales.

Los materiales reciclados pueden volver a usarse.

Las personas conservan el agua cuando cierran el grifo mientras se cepillan los dientes.

Si bien muchas personas trabajan arduamente para proteger los recursos naturales, a veces las acciones humanas pueden dañarlos. Las sustancias químicas que se usan en las fábricas y en las granjas pueden contaminar el aire y las vías de navegación cercanas. El humo de los incendios también puede contaminar el aire.

3. ◉ **Causa y efecto** **Escribe** un efecto de reciclar objetos que usas todos los días.

....

....

....

....

¿Entiendes?

4. ◉ **Causa y efecto** **Describe** una causa de contaminación.

....

....

....

5. ❓ **Piensa** en tu rutina diaria. **Describe** qué recursos naturales usas más.

mi Historia: Ideas

....

....

....

⬛ **¡Para!** Necesito ayuda ....

❚❚ **¡Espera!** Tengo una pregunta ....

▶ **¡Sigue!** Ahora sé ....

Causa y efecto

Una manera de aprender más sobre lo que has leído es identificar una causa y su efecto. La causa hace que algo ocurra. El efecto es el resultado de lo que ocurre. Algunas veces, el escritor usa las palabras *causa* y *efecto* para indicar al lector la relación que tienen los sucesos entre sí. Otras palabras, como *porque, si, por lo tanto, como resultado* y *como,* sirven para identificar ejemplos de causa y efecto.

Lee el siguiente pasaje e identifica las causas y los efectos. Asegúrate de buscar palabras clave que indiquen una causa o un efecto.

Causa

¡Lily observa que se avecina una tormenta! Enseguida ve relámpagos y oye un fuerte ruido. Un rayo ha golpeado el poste de electricidad de la calle. Ahora no hay luz en su casa. Como no hay luz, el televisor, el radio y el refrigerador no funcionan. Horas más tarde, después de la tormenta, Lily decide tomar la merienda. Abre el refrigerador. "¡Ay, no!", exclama. Como no hay luz, el refrigerador no funciona. ¡Ahora el helado se ha derretido!

Efecto

Mira las frases y oraciones resaltadas. Las causas están resaltadas en anaranjado. Los efectos están resaltados en morado. Observa que las palabras *como* y *porque* te sirven para identificar las causas. La palabra *ahora* indica los efectos.

¡Inténtalo!

Lee el siguiente pasaje. Luego responde las preguntas.

Durante muchos años, distintos grupos de personas perforaron el suelo en busca de petróleo en Spindletop, Texas. Luego un grupo de trabajadores consiguió una nueva pieza para su perforadora. Como resultado, los trabajadores pudieron excavar más profundo. El 10 de enero de 1901, comenzó a salir lodo a borbotones del pozo. De pronto, ¡un chorro de petróleo salió expulsado a más de 100 pies de altura! La ciudad cercana de Beaumont cambió para siempre. Como se había hallado petróleo cerca de allí, muchas personas de todo el país llegaron en estampida a Beaumont en busca de petróleo. La cantidad de habitantes de Beaumont aumentó de 10,000 a 50,000. Los automóviles y las fábricas comenzaron a usar más petróleo porque había más cantidad de este recurso natural.

1. **Encierra** en un círculo las causas en el pasaje.

2. **Haz una lista** de palabras que te ayudaron a identificar las causas.

   ....

3. **Subraya** los efectos que se mencionan en el pasaje.

4. **Explica** cuál fue la causa de que la población de Beaumont aumentara a 50,000 habitantes.

   ....

   ....

   ....

   ....

Nuestra interacción con el medio ambiente

¡Imagínalo!

Escribe algunas maneras en las que se usan los lagos y la tierra cercana a los lagos.

En los climas árticos, las personas se trasladan en motos de nieve.

Piensa en qué cosas forman parte de tu medio ambiente. Los accidentes geográficos, las masas de agua, la vegetación, los recursos naturales y el clima son cosas que forman parte del medio ambiente de un lugar.

El medio ambiente influye en las personas

El medio ambiente influye en el lugar donde las personas viven, trabajan y juegan. Muchas comunidades se desarrollan en regiones donde hay suelo y agua dulce en abundancia. También, las personas establecen comunidades cerca de lugares donde hay recursos naturales. Hay personas que viven cerca de los bosques para talar y plantar árboles. Otras viven cerca de la costa para pescar. En las zonas desérticas y las zonas montañosas, hay menos asentamientos. Estos lugares no siempre tienen tierras planas o suficiente agua para sembrar cultivos.

Las personas se adaptan al medio ambiente para satisfacer sus necesidades. **Adaptarse** es cambiar la manera de hacer algo. Se puede cambiar la manera de vestir o de viajar. En los climas árticos, las personas se visten con ropa abrigada para protegerse del frío. Se trasladan en esquís o en trineo para descender por las colinas nevadas. En zonas donde es difícil o peligroso viajar en automóvil, las personas se trasladan en motos de nieve.

DESCIFRA LA PREGUNTA PRINCIPAL

Aprenderé de qué manera influyen las personas en el medio ambiente.

Vocabulario

adaptarse
modificar
irrigar

Las personas que viven en estados como Texas o la Florida y en los países de América Central han cambiado su forma de construir edificios. En estas regiones, las lluvias torrenciales y los huracanes pueden generar vientos fuertes y una rápida subida del nivel del agua. Muchas personas de estos lugares construyen con materiales que resisten el viento fuerte. Otras personas de estas regiones se establecen tierra adentro para evitar las inundaciones.

En Arizona, los indígenas havasupais viven en un pueblo en el Gran Cañón. Este medio ambiente influye en su manera de viajar. No se puede bajar por el cañón en automóvil. El correo y otros suministros deben llevarse al pueblo a caballo o en helicóptero.

1. **⊙ Causa y efecto Describe** un efecto de vivir en un clima frío y con nieve.

....

....

....

Los havasupais viven en el Gran Cañón.

Las personas modifican el medio ambiente

Las personas interactúan con el medio ambiente, es decir, actúan sobre él, de muchas maneras. Una manera es modificar el medio ambiente para satisfacer sus necesidades. **Modificar** es cambiar algo, como el ambiente físico. En zonas donde la tierra es seca, es posible que los agricultores no cuenten con suficiente agua para sus cultivos. Entonces, lo que hacen estos agricultores es **irrigar,** es decir, llevar el agua a sus tierras por medio de tuberías. Otros agricultores labran el suelo para dejarlo expuesto al aire. Así, las malas hierbas mueren y la tierra se mantiene fértil. Los agricultores también pueden agregar sustancias químicas a la tierra. Algunas de estas sustancias son fertilizantes que permiten sembrar más cultivos. Otras sustancias químicas sirven para eliminar los insectos.

Las personas también modifican la tierra al usar otros recursos naturales. Hay máquinas de gran tamaño que bombean petróleo del suelo. En Pennsylvania y Virginia Occidental, los mineros cavan túneles profundos para llegar a los minerales. Los mineros también quitan el suelo y la roca para dejar el carbón al descubierto. Algunos bosques quedan sin árboles cuando las personas los cortan para vender la madera. En algunos países, a veces se queman los bosques para despejar el terreno. En estas tierras luego se construyen granjas o viviendas.

Las zonas cercanas a estos recursos también se han modificado. Las personas se mudan a la zona por trabajo. Construyen las casas y los edificios que necesitan. También construyen carreteras, puentes y ferrocarriles.

Las personas modifican los ríos cuando construyen represas. Las represas se construyen sobre los ríos para bloquear el flujo de agua. Las barreras de las represas permiten que pase algo de agua. Esta agua forma lagos detrás de las represas. Los lagos se usan para muchas actividades, como la pesca o la natación. El agua de estos lagos también se puede usar para irrigar las granjas cercanas. En algunas represas, el agua, que circula a toda velocidad, se usa para generar electricidad.

En los Estados Unidos, el agua de la represa Hoover, en el río Colorado, se usa para generar electricidad.

Los efectos de la población

La cantidad de personas que viven en una zona también puede influir en el ambiente físico. A fines del siglo XIX y principios del XX, aparecieron nuevos equipos y herramientas que hicieron la agricultura más fácil. No se necesitaban tantos trabajadores rurales. Muchas personas empezaron a mudarse a ciudades del este para trabajar en fábricas. A medida que más gente se mudaba a las ciudades, se necesitaba más espacio para vivir allí.

Al llegar los nuevos habitantes, se comenzó a construir fuera del centro de la ciudad. Las personas construyeron casas y otros edificios necesarios. También tendieron vías de ferrocarril y construyeron carreteras para que todos pudieran entrar y salir de la ciudad. También empezaron a construir hacia arriba. Construyeron edificios muy altos llamados rascacielos. Con el tiempo, se comenzaron a usar materiales mejorados para construir rascacielos mucho más altos.

En la actualidad, en las zonas muy pobladas, las personas modifican la tierra para satisfacer las necesidades cambiantes de la comunidad. A medida que más gente se muda a una ciudad, se crean más métodos de transporte. La ciudad puede tener un proyecto para ensanchar las calles, así pueden andar más carros, camiones y autobuses. También se pueden construir más líneas de ferrocarril para que más trenes puedan llegar a la ciudad. Además, se pueden hacer edificios más altos para que vivan más personas en la zona.

2. **Escribe** dos maneras en que las personas modifican la tierra.

....

....

....

En los grandes rascacielos pueden vivir y trabajar más personas.

La gente y la tierra

Algunas de las actividades que realizan las personas pueden dañar el medio ambiente. Los científicos y otras personas buscan cómo mejorar el medio ambiente y la manera en que se usan los recursos. A través de los años, los agricultores se dieron cuenta de que sembrar los mismos cultivos todos los años daña el suelo. Como resultado, en la actualidad muchos agricultores rotan los cultivos, es decir, no plantan lo mismo que plantaron el año anterior. Además, los agricultores planifican un período de descanso en el que no siembran ningún cultivo. De esta manera, el suelo está húmedo y en mejores condiciones para cultivar.

Los mineros también trabajan para ayudar al medio ambiente. Después de que excavan el suelo para buscar minerales, en la tierra queda muy poca o ninguna vegetación. Entonces, los mineros plantan árboles y otras plantas en la tierra.

Los líderes de las comunidades ayudan al medio ambiente con algunas de sus decisiones. Aprueban leyes que prohíben a la gente arrojar basura al suelo. También aprueban leyes para asegurar que el agua que bebemos sea potable. Algunas leyes protegen los océanos. Estas leyes no permiten que las empresas arrojen materiales que pueden hacer daño al océano o a la vida marina.

Otras personas ayudan al medio ambiente todos los días. Algunas compran automóviles que no contaminan el aire. También usan el calor del sol o el viento para hacer funcionar los aparatos. Otros organizan grupos para limpiar las playas, los parques y los lagos. Cuando la tierra está limpia, es más segura para las personas y los animales.

Limpiar la tierra es una manera de ayudar al medio ambiente.

Otra manera de ayudar al medio ambiente es conservar la tierra. Las personas conservan la tierra cuando protegen un área especial en parques estatales o nacionales. El primer parque nacional se creó en 1872. En la actualidad, hay más de 350 parques nacionales en los Estados Unidos. Esta tierra está protegida. No está permitido construir ni establecerse allí.

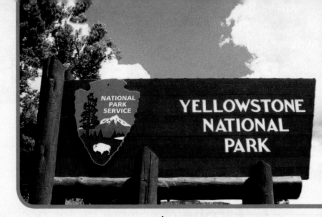

El primer parque nacional fue Yellowstone.

3. **Haz una lista** de tres maneras en que las personas ayudan al medio ambiente.

....

....

¿Entiendes?

1. ⊙ **Causa y efecto** **Explica** el efecto de una ley que ayuda al medio ambiente.

....

....

....

2. ❓ **Describe** cómo se ha modificado la tierra en tu comunidad.

mi Historia: Ideas

....

....

....

⬛ **¡Para!** Necesito ayuda ....

⏸ **¡Espera!** Tengo una pregunta ....

▶ **¡Sigue!** Ahora sé ....

Repaso y Evaluación

Lección 1

La tierra y el agua

1. **Escribe** el nombre de los accidentes geográficos debajo de cada ilustración.

....

2. **Rotula** los continentes y los océanos en el mapa de abajo.

El mundo

Lección 2

El tiempo y el clima

3. **Describe** dos maneras en que las personas se pueden adaptar al clima de los desiertos del Oeste.

....

....

....

Uso de los recursos de la Tierra

4. **Escribe** en qué trabajan muchas personas en una región agrícola.

....

....

....

5. ◉ **Causa y efecto** Las fábricas usan recursos naturales para hacer productos. **Describe** un efecto que tienen las fábricas sobre el medio ambiente.

....

....

....

6. **Dibuja** algo que tengas en tu casa que esté hecho con algún recurso natural. Luego **escribe** el nombre del recurso natural.

....

Lección 4

Nuestra interacción con el medio ambiente

7. Describe cómo la gente de Texas y la Florida ha cambiado la manera de construir edificios.

....

....

....

8. Escribe por qué hay personas que se establecen cerca de una represa.

....

....

....

9. Explica qué ocurriría si se talaran árboles pero no se plantaran otros en su lugar.

....

....

....

....

10. Rellena el círculo de la respuesta correcta.

¿Qué oración describe lo que ocurre cuando hay erosión?

○ Las personas se mudan de las granjas a la ciudad.

○ Se plantan árboles en los bosques.

○ Los agricultores riegan los cultivos a diario.

○ El suelo se desgasta por el viento y la lluvia.

Conéctate en línea para escribir e ilustrar tu **myStory Book** usando **miHistoria: Ideas** de este capítulo.

¿Cómo es nuestra interacción con el planeta?

Todos los días, las personas interactúan con su medio ambiente. Algunas acciones dañan la tierra. Otras ayudan a mejorarla.

Piensa en cómo interactúas con el medio ambiente. Luego **escribe** sobre las actividades que puedes hacer para usar menos recursos naturales.

....

....

....

Dibuja a alguien haciendo una actividad que ayuda al medio ambiente.

Mientras estás en línea, dale un vistazo a **myStory Current Events,** donde puedes crear tu propio libro sobre un tema de actualidad.

Las comunidades forman una nación

mi Historia: ¡Despeguemos!

PREGUNTA PRINCIPAL

¿Cómo influye nuestro pasado en nuestro presente?

Describe algo que sea especial en tu comunidad.

....

....

....

....

Iglesia de la Misión San Luis

La Misión San Luis
Una comunidad multicultural

mi Historia: Video

Aproximadamente entre 1560 y 1690, se construyeron más de 100 misiones españolas en toda la Florida. Una misión es un asentamiento donde hay una iglesia en la que se enseña religión. Una de las misiones más famosas es la Misión San Luis. Esta misión, que está ubicada en Tallahassee, es una de las últimas que quedan en pie en la actualidad. "También es el único lugar donde los apalaches y los españoles vivieron juntos", nos cuenta Grace. Los apalaches son indígenas americanos, y los españoles son pobladores que llegaron desde España. "Me encanta aprender sobre otras culturas", añade. Ya nadie vive en la misión, pero la han reconstruido. Los visitantes pueden recorrer la misión y ver representaciones de cómo era la vida allí hace siglos.

"Los indígenas y los españoles compartían esta misión", explica Grace. En ese momento, los indígenas y los colonos europeos no solían vivir juntos. La Misión San Luis era especial.

Grace estaba entusiasmada por la visita a una de las últimas misiones que quedan en pie.

79

Las calabazas y los frijoles son algunos de los productos que cultivaban los apalaches.

Los españoles construyeron un fuerte para proteger su asentamiento.

Las personas que trabajan en la misión visten ropa de la época para enseñar cómo era la vida hace mucho tiempo.

Los apalaches fueron los primeros norteamericanos que se asentaron en esta región. Un río cercano y la calidad del suelo hacían de la región un buen lugar para vivir. Con el paso de los años, los apalaches aprendieron mucho sobre la agricultura y a cultivar maíz, frijoles y calabazas, entre otros productos. "¡Mi abuela también cultiva esos productos!", se entusiasma Grace. Grace y su familia llegaron a los Estados Unidos desde Puerto Rico. El inglés es la segunda lengua de Grace y, por eso, ella emplea muchas palabras en español cuando habla. "Mi abuela me contó que nuestra familia también cultivaba esos productos hace mucho tiempo", dice Grace.

Cuando los españoles llegaron a la costa de la Florida, buscaban un lugar para establecer una comunidad, construir un fuerte para proteger el asentamiento y difundir la religión cristiana. Los apalaches se interesaron en el cristianismo y confiaron en que los españoles los ayudarían a protegerse. Por eso, les dieron la bienvenida a la región. Durante la convivencia, los dos grupos aprendieron uno del otro acerca de sus maneras de hacer las cosas y a respetar las diferencias que había entre ellos. "Mi familia y yo también aprendimos muchas cosas cuando llegamos a los Estados Unidos", nos cuenta Grace. A pesar de que la mayoría de las misiones comenzaban a desaparecer en esa época, San Luis floreció.

Este dormitorio está decorado con telas españolas.

Grace observó varios artefactos españoles en este comedor.

En 1656, los españoles escogieron el lugar donde hoy está ubicada la Misión San Luis para construir un fuerte. Este lugar está en la cumbre de una colina y permite tener una visión clara de las tierras bajas que lo rodean. "Este lugar me recuerda la granja de mi familia en Puerto Rico", cuenta la mamá de Grace. "¡Es cierto! ¡También estaba en la cumbre de una colina!", recuerda Grace. Para los españoles, era muy importante construir su fuerte en la cumbre de una colina, así, podían ver si se acercaba alguien para atacarlos.

Hoy en día, los visitantes de la Misión San Luis pueden ver cómo era vivir entre los apalaches y los españoles. "¡Este lugar es increíble!", opina Grace. "Seguramente, aquí se realizaban ceremonias especiales y se organizaban juegos", comenta mientras recorre el punto central conocido como *la plaza*. La iglesia y la casa del jefe de los apalaches son algunos de los edificios que se reconstruyeron imitando el aspecto que tenían hace cientos de años. Grace también disfruta al observar los artefactos domésticos de los españoles. ¡El pasado cobra vida en la Misión San Luis!

Los guías y las otras personas que trabajan en la Misión San Luis disfrutan enseñando a los visitantes sobre el pasado.

Piénsalo Según este relato, ¿por qué crees que es importante visitar lugares como la Misión San Luis? A medida que lees el capítulo, piensa en cómo aprender sobre el pasado influye en tu vida.

Los primeros pobladores de América del Norte

¡Imagínalo!

Mira la fotografía. Escribe qué recurso natural se usó para construir estas casas.

Cada comunidad tiene una historia moldeada por los primeros habitantes del lugar. Tu comunidad es especial tanto por su pasado como por su presente.

Grupos de indígenas americanos

LEYENDA
— Límite actual

ÁRTICO

SUBÁRTICO

PACÍFICO NOROESTE

MESETA

OCÉANO PACÍFICO

GRAN CUENCA

LLANURAS

ZONA BOSCOSA DEL NORESTE

CALIFORNIA

ZONA BOSCOSA DEL SURESTE

OCÉANO ATLÁNTICO

SUROESTE

Golfo de México

0   1,000 mi
0   1,000 km

N O E S

Grupos culturales

Los indígenas americanos fueron los primeros que se asentaron en América del Norte. Existían muchos grupos de indígenas distintos, y cada uno tenía su propia cultura y sus **costumbres**, es decir, su forma particular de hacer las cosas.

En el mapa se muestran las regiones de América del Norte donde vivían los indígenas. Cada grupo aprovechaba los recursos naturales que había en su región para satisfacer sus necesidades. Los indígenas que vivían en el Pacífico noroeste pescaban en el océano Pacífico. Los que vivían en las llanuras aprovechaban el suelo fértil para la agricultura.

1. **Subraya** dos maneras en que los indígenas usaban los recursos naturales para vivir.

DESCIFRA LA
PREGUNTA PRINCIPAL
?

Aprenderé cómo influye la geografía en las comunidades y cómo se relacionan el pasado y el presente.

Vocabulario

costumbre .... reserva
vivienda .... gobierno
comunal .... tradición
confederación
cooperar

Los cheroquíes en el Sureste

Hace mucho tiempo, un grupo de indígenas llamados cheroquíes se asentaron en los bosques del sureste de los Estados Unidos. Los cheroquíes escogieron esta región por su geografía: tiene suelo fértil, ríos y árboles.

Los cheroquíes se establecieron por primera vez en América del Norte hace más de 1,000 años. Eran cazadores y agricultores. Comían carne, frutas y verduras. Usaban árboles para construir sus casas. Cubrían las estructuras con lodo de las riberas cercanas. Con el tiempo, los cheroquíes empezaron a construir cabañas de troncos que los protegían de la nieve y del frío del invierno.

Un cheroquí famoso llamado Sequoyah inventó un sistema de escritura para la lengua cheroquí. Una vez que las personas aprendieron los 86 símbolos, pudieron leer y escribir su lengua.

2. ◉ **Idea principal y detalles Describe** cómo usaban los cheroquíes los recursos naturales.

....

....

....

Los cheroquíes usaban recursos naturales para fabricar tazones de madera y canastas tejidas.

Los iroqueses del noreste

Los iroqueses se asentaron en los bosques del territorio que es hoy el centro y el norte de Nueva York y el sur del Canadá. Al igual que los cheroquíes, los iroqueses escogieron esa región por su geografía. Los bosques albergaban muchos animales y plantas. Los iroqueses usaron los ríos para pescar y trasladarse.

Como los cheroquíes, los iroqueses usaron árboles para construir sus casas. Sin embargo, las casas iroquesas tenían una forma diferente de las de los cheroquíes. ¡Medían hasta 200 pies de longitud! Por eso, estas casas eran más largas que anchas. Se llamaban **viviendas comunales.** Las viviendas comunales podían albergar hasta diez familias. Cada familia tenía su propio espacio. A lo largo del centro de la vivienda comunal se prendían fogatas y las familias a cada lado las compartían.

Hace más de 500 años, los iroqueses formaron una confederación. Una **confederación** es un acuerdo formal, es decir, un tratado, que establece la colaboración entre grupos. La Confederación Iroquesa incluía cinco grupos que compartían una cultura parecida: los mohawks, los oneidas, los onondagas, los cayugas y los senecas. A esta confederación también se la llamaba Cinco Naciones. Contaba con reglas para proteger los derechos de cada uno de los cinco grupos. Cada grupo votaba las decisiones importantes para los iroqueses.

Aldea iroquesa

3. **Haz una lista** de tres características de las viviendas comunales.

....

....

Cooperación entre los grupos

La Confederación Iroquesa es una demostración de que algunos grupos de indígenas se unían para **cooperar,** es decir, trabajar conjuntamente. Aunque la Confederación permitía que cada grupo se gobernara, las Cinco Naciones consideraban que era mejor reunirse para tener más fuerza y poder. El propósito principal de la Confederación Iroquesa era la *Gran Ley de Paz.* Según esta ley, las decisiones debían tomarse de forma pacífica. Si había desacuerdos entre los grupos, no estaba permitida la agresión.

Los grupos de indígenas no solo cooperaban entre sí, sino que también colaboraron con los primeros colonos ingleses. Cuando los colonos llegaron, hace aproximadamente 300 años, algunos indígenas les enseñaron a cultivar productos como la calabaza, el calabacín, los frijoles y el maíz. También les explicaron diferentes técnicas para pescar en aguas poco profundas.

Sin embargo, en ocasiones estallaban guerras entre los grupos de indígenas. Hace aproximadamente 400 años, los iroqueses lucharon contra los hurones, los eries y los algonquinos. Los iroqueses intercambiaron pieles de castor por armas y suministros con los colonos europeos. Cuando la población de castores comenzó a extinguirse, los iroqueses se trasladaron al oeste en busca de castores, adentrándose en el territorio de otros indígenas. Como los iroqueses tenían mejores armas que los grupos a los que enfrentaban, ganaron las llamadas Guerras de los Castores.

4. ◉ **Causa y efecto**
Subraya los efectos del trabajo en conjunto de los grupos iroqueses.

Los indígenas americanos llevan pieles de castor a los colonos ingleses.

Indígenas en la actualidad

Hoy en día, en los Estados Unidos viven unos 2 millones de indígenas. Aproximadamente 1 millón de indígenas viven en el Canadá.

Algunos indígenas de los Estados Unidos viven en **reservas**, es decir, tierras que el gobierno de los Estados Unidos apartó para ellos hace muchos años. Cada reserva tiene su propio **gobierno.** Un gobierno es un sistema de reglas para las personas. Los indígenas que viven en las reservas tienen que obedecer las leyes establecidas por este gobierno. No solo tienen que respetar las leyes establecidas por el gobierno de su reserva, sino que también tienen que respetar las leyes del gobierno de los Estados Unidos.

Ben Nighthorse Campbell viste ropa tradicional de los indígenas en una reunión del gobierno de los Estados Unidos.

Ben Nighthorse Campbell forma parte del grupo de cheyenes del norte y es miembro del Consejo de Jefes del grupo. También formó parte del gobierno de los Estados Unidos durante 18 años.

Los indígenas tienen tradiciones. Una **tradición** es una manera especial que tiene un grupo de hacer algo, que se pasa de generación en generación. Las tradiciones cheroquíes incluyen juegos, danzas, canciones y ropa. Algunos indígenas visten ropa tradicional, como los tocados de plumas. En la fotografía se muestra a Ben Nighthorse Campbell con un tocado que representa la valentía y el coraje.

5. **Mira** la fotografía. **Describe** otra parte de la ropa de Campbell que podría tener un significado especial.

....

....

6. ◉ **Idea principal y detalles** **Completa** la tabla con detalles que apoyan la idea principal.

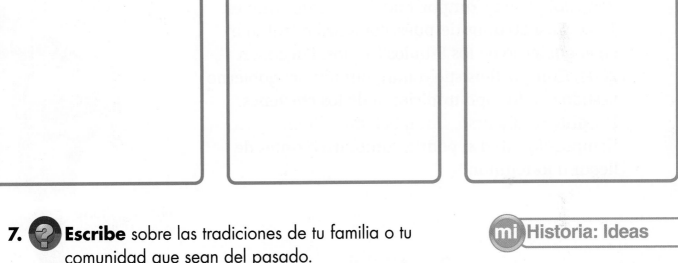

Los indígenas escogían donde asentarse según la geografía del lugar.

7. ❓ **Escribe** sobre las tradiciones de tu familia o tu comunidad que sean del pasado.

mi **Historia: Ideas**

....

....

....

....

🔲 **¡Para!** Necesito ayuda ....

⏸ **¡Espera!** Tengo una pregunta ....

▶ **¡Sigue!** Ahora sé ....

Secuencia

Una secuencia es el orden en el que ocurren los sucesos. Las palabras *primero, segundo, tercero, luego, después, siguiente, finalmente, pasado, futuro, ahora* y *más tarde* pueden ayudarte a identificar la secuencia de sucesos. Las fechas también pueden ayudarte a identificar la secuencia de sucesos. Busca los días, los meses y los años.

Lee la información de abajo sobre Ben Nighthorse Campbell. Luego lee la tabla en la que se muestra la secuencia de sucesos.

Ben Nighthorse Campbell nació en California en 1933. Casi 50 años después, comenzó a trabajar en el gobierno de los Estados Unidos. Luego, en 2004, Campbell asistió a una reunión del gobierno vestido con la ropa tradicional de los cheyenes. Durante su discurso, Campbell dijo: "Tenía poco tiempo. No sabía si podría cambiarme antes de llegar a la reunión".

Ben Nighthorse Campbell

Ben Nighthorse Campbell

Ben Nighthorse Campbell nació en California en 1933.

Casi 50 años después, comenzó a trabajar en el gobierno de los Estados Unidos.

Luego, en 2004, Campbell asistió a una reunión del gobierno vestido con la ropa tradicional de los cheyenes.

¡Inténtalo!

Lee el fragmento sobre Sequoyah. Luego **completa** la secuencia de sucesos en la tabla de abajo. **Encierra** en un círculo las palabras o las fechas del pasaje que te ayudaron a identificar la secuencia correcta.

Sequoyah hizo una contribución muy importante a la cultura cheroquí. En 1821, desarrolló un conjunto de símbolos que correspondían a las 86 sílabas de la lengua cheroquí. Luego se comenzó a enseñar la lengua en todas las escuelas cheroquíes. Finalmente, los cheroquíes comenzaron a imprimir libros y periódicos en la lengua cheroquí.

Sequoyah

Sequoyah

Los primeros exploradores

¡Imagínalo!

Imagina que viajas al lugar que se muestra en la fotografía. Describe lo que podrías hallar al llegar.

¿Te gusta viajar a lugares nuevos y conocer otras personas? ¡A los exploradores les gusta mucho! Un **explorador** es una persona que viaja en busca de nuevas tierras y descubrimientos.

Los exploradores zarpan desde Europa

Los exploradores europeos creían que llegar a Asia por mar llevaría menos tiempo que por tierra. Todos querían ser los primeros en descubrir una ruta marítima a Asia. Una **ruta** es el camino que se toma para llegar a un lugar.

Rutas de los exploradores europeos

CANADÁ

INGLATERRA

EUROPA

AMÉRICA DEL NORTE

FRANCIA

ESTADOS UNIDOS

PORTUGAL

ESPAÑA

OCÉANO ATLÁNTICO

San Salvador

Golfo de México

MÉXICO

Mar Caribe

0   1,000 mi

0   1,000 km

N
O   E
S

ÁFRICA

LEYENDA
Cristóbal Colón
Juan Ponce de León
Jacques Cartier
Samuel de Champlain
John Cabot
Henry Hudson
El mapa muestra las fronteras actuales.

DESCIFRA LA PREGUNTA PRINCIPAL

Aprenderé las causas y los efectos de la exploración europea.

Vocabulario

explorador
ruta

Hace más de 500 años, en la década de 1480, algunos exploradores portugueses comenzaron a buscar una ruta marítima que llevara a Asia rodeando África. A principios de la década de 1490, España fue el primer país en enviar exploradores al oeste a través del océano Atlántico. Estos exploradores no solo buscaban una manera de llegar a Asia a través del mar, sino también especias y hierbas que necesitaban para cocinar y para usar como medicamentos. Además, esperaban hallar oro, seda y otras riquezas.

A fines de la década de 1490, los exploradores ingleses también comenzaron a buscar una ruta marítima a Asia. Los exploradores ingleses querían adquirir tierras en las Américas, por lo tanto, también enviaron exploradores a esas tierras.

A principios del siglo xvi, Francia también comenzó a buscar una ruta marítima a Asia. Durante la búsqueda, los exploradores franceses construyeron asentamientos y comerciaron con los indígenas americanos que vivían en el territorio que hoy es el Canadá.

Especias, oro, seda, gemas

1. **Secuencia** **Haz una lista** de los países europeos en el orden en que comenzaron a buscar una ruta marítima a Asia.

....

....

Exploradores españoles

Hace mucho tiempo, las especias eran muy valiosas. Las personas usaban las especias para evitar que la comida se echara a perder. España contrató a Cristóbal Colón, un explorador que había nacido en Italia, para que navegara hasta China en busca de especias.

Colón zarpó hacia China en 1492. Pensó que llegaría a China si navegaba hacia el oeste de España. Pero nunca llegó a China. En su lugar, desembarcó en una isla en la costa de lo que actualmente es la Florida. Cuando vio por primera vez a las personas que vivían allí, las llamó "indios". Hizo esto porque pensó que había llegado a las Indias Orientales, cerca del sur de China. Luego Colón navegó hasta otras islas. Creó un asentamiento en una isla llamada La Española.

Un grupo de indígenas llamados taínos vivían en la isla de La Española. La vida de los taínos cambió después de la llegada de los españoles. Muchos de ellos murieron por las enfermedades que trajeron los españoles.

Américo Vespucio fue otro explorador que navegó al servicio de España. Exploró muchos lugares, incluso el territorio que hoy es Venezuela. América del Norte y del Sur recibieron su nombre en su honor.

Colón tenía tres barcos: la Niña, *la* Pinta *y la* Santa María.

Exploradores franceses

Cuando los franceses llegaron a América del Norte en la década de 1520, comenzaron a explorar el área. Viajaron al norte utilizando los ríos y atravesaron el centro de América del Norte. Jacques Cartier navegó por el río San Lorenzo en 1535.

Samuel de Champlain exploró la región del San Lorenzo y los Grandes Lagos. Fundó la ciudad de Quebec en 1608. Champlain aprendió mucho de los indígenas y estableció una buena relación con ellos.

En 1634, Jean Nicolet intentó hallar el paso del noroeste a la India, una ruta marítima que uniría los océanos Atlántico y Pacífico. No logró encontrarlo, pero exploró el lago Michigan. Robert de La Salle exploró los Grandes Lagos y el río Mississippi. En 1682, reclamó la región de Mississippi completa para Francia.

2. Escribe una región que exploró Robert de La Salle.

....

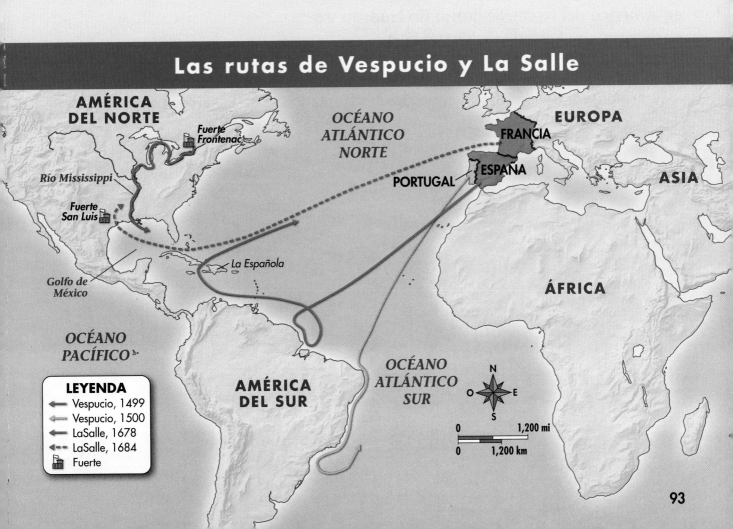

Las rutas de Vespucio y La Salle

LEYENDA
- Vespucio, 1499
- Vespucio, 1500
- LaSalle, 1678
- LaSalle, 1684
- Fuerte

93

Exploradores ingleses

Los ingleses también querían explorar las Américas. En junio de 1497, John Cabot llegó a la costa de América del Norte y desembarcó allí. Cabot exploró la costa antes de regresar a Inglaterra. Quería contarles a todos sobre su descubrimiento. Tiempo después, Inglaterra reclamó la totalidad de América del Norte. Los ingleses creían que Cabot había sido el primero en descubrir este territorio.

En 1580, Sir Francis Drake se convirtió en el primer explorador inglés en recorrer el mundo en barco. Reclamó para Inglaterra el territorio cercano al área que hoy es San Francisco. Cuando el viaje de Drake concluyó, recibió los honores de la reina.

A partir de 1607, Henry Hudson navegó para Inglaterra en busca del paso del noroeste hacia la India. Al cabo de muchos intentos fallidos, se mudó a los Países Bajos. En 1609, zarpó desde los Países Bajos, nuevamente en busca del paso del noroeste. No lo halló, pero descubrió un río de gran tamaño en América del Norte. Se llama río Hudson y se encuentra en el estado de Nueva York.

3. Subraya las oraciones que describen lo que cada explorador ayudó a reclamar o descubrir.

Henry Hudson y su tripulación navegan en el río Hudson.

4. ● **Secuencia** **Lee** la lista de sucesos. Luego **completa** la tabla colocando los sucesos en el orden correcto.

1608 Samuel de Champlain funda la ciudad de Quebec.
1634 Jean Nicolet explora el lago Michigan.
1609 Henry Hudson descubre el río Hudson.

Fecha	Suceso

5. ⑦ **Escoge** un explorador de esta lección. **Describe** su contribución a la región que exploró.

mi Historia: Ideas

....

....

....

□ **¡Para!** Necesito ayuda ....

❚❚ **¡Espera!** Tengo una pregunta ....

▷ **¡Sigue!** Ahora sé ....

Líneas cronológicas

En una línea cronológica se muestra cuándo ocurrieron los sucesos. Una línea cronológica puede dividirse en años, décadas o siglos. Una década equivale a diez años y un siglo, a 100 años. En la línea cronológica se muestra cuándo algunos estados se convirtieron en parte de los Estados Unidos. Está dividida en períodos de 50 años, es decir, cinco décadas.

Los sucesos se ubican en la línea cronológica en el orden en el que ocurrieron. El suceso que ocurrió primero, es decir, el más antiguo, se ubica en el extremo izquierdo de la línea cronológica. ¿Cuál de los cuatro estados que se muestran abajo se convirtió en estado primero? Si miras hacia la izquierda, verás que Virginia fue el primero en convertirse en estado. Al leer la línea cronológica de izquierda a derecha, aprenderás qué sucesos ocurrieron en primer lugar, en segundo, en tercero y en último lugar. El último suceso, es decir, el más reciente, se muestra a la derecha.

Los estados se convierten en parte del país

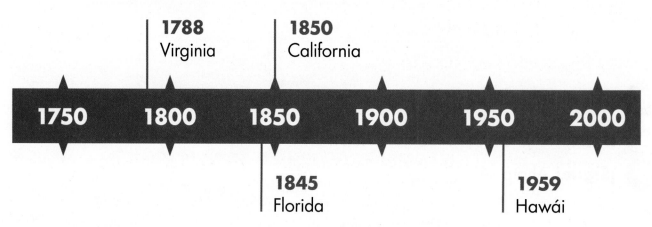

Mira la línea cronológica. ¿Cuál se convirtió en estado primero, California o la Florida? Si lees de izquierda a derecha, verás que la Florida se convirtió en estado antes que California. ¿Cuántos años pasaron entre un suceso y otro? ¡Así es! La respuesta es cinco años.

¡Inténtalo!

Usa la línea cronológica para responder las siguientes preguntas.

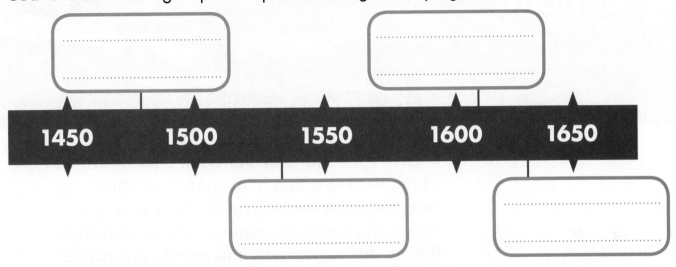

1. **Lee** la siguiente lista de años y sucesos. Luego **completa** la línea cronológica con el nombre de cada explorador para mostrar cuándo viajó.

   1535 Jacques Cartier navegó por el río San Lorenzo.

   1492 Cristóbal Colón zarpó hacia las Américas.

   1634 Jean Nicolet exploró el lago Michigan.

   1609 Henry Hudson descubrió el río Hudson.

2. **Escribe** el nombre del explorador que viajó primero.

   ....

3. San Agustín, en la Florida, fue fundado en 1565. **Escribe** si esto sucedió antes o después de que Jacques Cartier navegó en el río San Lorenzo.

   ....

4. **Haz una lista** de dos exploradores que viajaron con menos de 25 años de diferencia uno de otro.

   ....

Las primeras comunidades españolas

¡Imagínalo!

Mira las dos imágenes de San Diego, California. Comenta cómo ha cambiado San Diego con el tiempo.

Los exploradores de Portugal, España, Francia e Inglaterra llegaron a las Américas. Estos exploradores y los indígenas americanos que vivían en el territorio tenían culturas distintas. Hoy en día, América es una mezcla diversa de todas estas culturas.

Analicemos en detalle a los exploradores españoles que trajeron su cultura a América.

Exploración española en la Florida

Algunos de los exploradores que zarparon hacia las Américas buscaban oro, gemas y riquezas. Otros buscaban hacerse famosos.

Los indígenas contaban una **leyenda,** es decir, un relato sobre el pasado cuyos datos no se pueden comprobar. Esa leyenda especial trataba sobre un manantial mágico cuya agua devolvía la juventud a quien la bebiera. El explorador español Juan Ponce de León intentó hallar el manantial. Buscaba la Fuente de la Juventud.

In 1513, durante su búsqueda, Ponce de León llegó a la región que hoy es St. Augustine, Florida. Tomó el control de las tierras para España. Llamó a la región *La Florida*, que quiere decir "tierra de flores".

Ponce de León

Aprenderé sobre los primeros exploradores y colonos españoles en América del Norte.

Vocabulario

leyenda   colonizar
fuerte   misión
colonia   ciudadano

Ponce de León y sus hombres no hallaron la Fuente de la Juventud. Decepcionado, Ponce de León abandonó la Florida. Navegó de regreso a lo que hoy es Puerto Rico y luego volvió a España.

Ponce de León navegó hasta la costa oeste de la Florida en 1521. Llevó consigo a casi 200 colonos, 50 caballos y otros animales, además de herramientas agrícolas. A su llegada, Ponce de León y su grupo debieron luchar contra un grupo de indígenas. Ponce de León recibió una herida y murió poco después.

Ponce de León fue el primer europeo en explorar la región de la Florida ubicada cerca de la actual St. Agustine. Gracias a él, otras personas exploraron la región tiempo después.

1. **Explica** por qué Ponce de León abandonó la Florida desilusionado la primera vez.

....

....

....

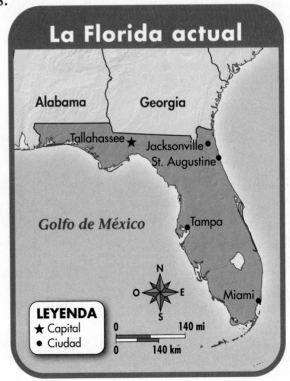

La Florida actual

Problemas entre España y Francia

Tanto España como Francia querían construir un asentamiento en la Florida. En 1564, los franceses construyeron un fuerte y una colonia sobre el río Saint Johns. Un **fuerte** es una construcción sólida o un área firme que protege de ataques enemigos. Una **colonia** es un lugar gobernado por otro país. El fuerte francés se llamó fuerte Caroline.

El fuerte Caroline estaba ubicado cerca del lugar donde antes habían desembarcado los españoles. Los barcos con tesoros españoles navegaban la costa de la Florida frente al fuerte Caroline en su recorrido entre América del Sur y España. El fuerte y el asentamiento franceses eran una amenaza para los barcos españoles. El rey Felipe II de España pensó en un plan para proteger los barcos de cualquier ataque enemigo. Envió a don Pedro Menéndez de Avilés, un explorador español, a establecer y liderar una colonia española en la Florida. El rey pensó que podía confiar en Menéndez para que protegiera los barcos españoles.

El rey Felipe II de España quería proteger los barcos con tesoros españoles como el que se muestra a la izquierda. El fuerte Caroline, que se muestra abajo, era una amenaza para ellos.

El rey Felipe ordenó a Menéndez que explorara la Florida y estableciera asentamientos. También le ordenó que expulsara a los colonos y piratas de otros países. Un pirata es una persona que roba barcos o botes en el mar.

Menéndez llegó a la Florida en 1565. Menéndez, sus soldados y los colonos construyeron un fuerte. Lo llamaron Castillo de San Marcos. El área estaba a resguardo del océano. Se lo podía defender fácilmente. Luego Menéndez fundó un asentamiento en lo que hoy es St. Augustine. Lo llamó San Agustín.

Menéndez venció a los franceses en el fuerte Caroline. Luego, un huracán en el océano Atlántico destruyó una flota de barcos franceses por completo. Como resultado, España logró controlar la costa de la Florida. Más españoles se establecieron en San Agustín. Se convirtió en el primer asentamiento europeo permanente en América del Norte.

Don Pedro Menéndez de Avilés

2. ⊙ **Secuencia Haz una lista** de la secuencia de sucesos que llevaron al asentamiento de los españoles en San Agustín.

....

....

....

....

St. Augustine es la ciudad europea más antigua en los Estados Unidos.

Asentamientos españoles en California

Después de establecerse en San Agustín y en otras zonas de la Florida, los españoles colonizaron otros lugares. **Colonizar** significa poblar la tierra en nombre de otro país. Los españoles colonizaron parte de California, donde fundaron pueblos y construyeron presidios, es decir, fuertes. En California, al igual que en la Florida, los españoles también construyeron misiones. Una **misión** es un asentamiento que tiene una iglesia donde se enseña religión.

Los españoles construyeron pueblos como este, ubicado en lo que hoy es California.

Las primeras misiones en California se construyeron en la década de 1760. Se establecieron con el propósito de enseñar la cultura y la religión españolas a los indígenas que vivían allí. El rey de España envió a un líder religioso llamado Junípero Serra para continuar el proceso de establecer las misiones. Él y otros líderes enseñaron a grupos de indígenas a leer y escribir y a preparar comidas españolas.

España pierde poder

España enviaba dinero para mantener las misiones. Pero a principios del siglo XIX, España ordenó a los líderes religiosos que detuvieran la construcción de misiones en California. La última misión se construyó en 1823.

Las personas que llegaban a California en esa época querían que el gobierno mexicano expulsara a los indígenas de las misiones. México tenía el control de California. Por lo tanto, en 1826, el jefe de gobierno de California permitió a muchos de estos indígenas marcharse y convertirse en ciudadanos mexicanos. Un **ciudadano** es un miembro oficial de una comunidad. Cuando los indígenas abandonaron las misiones, necesitaron nuevos lugares donde vivir y nuevos trabajos. Su vida fuera de las misiones se volvió más ardua.

3. ◎ Secuencia **Subraya** las oraciones que indican cuándo se construyeron la primera y la última misión.

4. ⊙ **Resumir Escribe** dos oraciones que describan lo que aprendiste sobre los asentamientos españoles en las Américas.

....

....

....

....

5. ❓ **Describe** una característica particular de las primeras comunidades españolas.

mi Historia: Ideas

....

....

....

⬛ **¡Para!** Necesito ayuda ....

⏸ **¡Espera!** Tengo una pregunta ....

▶ **¡Sigue!** Ahora sé ....

Las primeras comunidades francesas

¡Imagínalo!

Escribe dos cosas que ves en la ilustración que te indican que se trata de una escena del pasado.

Los exploradores franceses recorrieron diferentes partes de América del Norte. Llevaron la cultura francesa a los lugares que visitaron. Muchas de las ciudades que fundaron los franceses en América del Norte conservan parte de la cultura francesa.

Los franceses llegan a América del Norte

En 1498, Vasco da Gama, un explorador de Portugal, descubrió una ruta completamente acuática a la India. Los franceses creían que iba a ser más rápido viajar por vías de navegación fluviales. En consecuencia, exploraron ríos y arroyos.

En 1534, Jacques Cartier llegó a Terranova. Luego exploró el golfo de San Lorenzo en el territorio que hoy es el Canadá. Cartier navegó corriente arriba por el río San Lorenzo. Se dio cuenta de que no se trataba de la ruta directa a Asia que estaba buscando. Las aguas turbulentas hacían del viaje al oeste una empresa peligrosa, entonces decidió regresar.

St. Louis, en Missouri, es una ciudad poblada inicialmente por los franceses. En 1700, los sacerdotes construyeron allí una misión. Los indígenas americanos se unieron a los sacerdotes, pero el asentamiento no duró.

Terranova, Canadá

N
O   E
S

0   300 mi

0   300 km

LEYENDA
— Límite actual

OCÉANO ATLÁNTICO

Quebec

Río Churchill

Labrador

Terranova

Golfo de San Lorenzo

DESCIFRA LA PREGUNTA PRINCIPAL

Aprenderé sobre los primeros exploradores y pobladores franceses en América del Norte.

Vocabulario

expedición
territorio

Aproximadamente en 1760, un francés llamado Pierre Laclede viajó al lugar donde se había establecido la misión en 1700. Allí construyó un puesto de comercio donde se comerciaban pieles a cambio de otros artículos. Laclede quería comprar pieles a los indígenas. Llamó a la región St. Louis en homenaje al rey Luis de Francia. Laclede dijo que su objetivo era establecer "una de las ciudades más bellas de América". ¡Y lo logró!

Con el tiempo, Francia perdió el control de St. Louis. La ciudad permitió la llegada de nuevos pobladores y comercios. Sin embargo, actualmente la cultura francesa continúa teniendo importancia en St. Louis.

1. **Explica** por qué Cartier regresó en lugar de continuar la búsqueda de una ruta directa a China.

....

....

....

....

La zona de la ribera de St. Louis recibió su nombre en homenaje a Pierre Laclede.

Champlain funda la ciudad de Quebec

En 1608, Samuel de Champlain zarpó de Francia rumbo al territorio que hoy en día pertenece al Canadá. Construyó una aldea cerca de una región donde vivía un grupo de indígenas llamados hurones. Se hizo amigo de estos indígenas.

Champlain llamó Quebec a su aldea. Inglaterra y Francia lucharon por la aldea. Ambos querían asumir el control del asentamiento debido a su ubicación. Quebec estaba entre dos vías de navegación, los ríos San Lorenzo y San Carlos. Los pobladores aprovechaban estos ríos para comerciar y para desplazarse de un lugar a otro. En 1759, los ingleses ganaron una batalla contra los franceses. Así terminó el dominio francés en el Canadá.

Hoy en día, la cultura francesa tiene mucha presencia en Quebec. Sus habitantes hablan francés y respetan las costumbres y las tradiciones francesas. La parte antigua de Quebec es un lugar turístico popular. Esta zona de la ciudad se encuentra ubicada en la cumbre de una colina. Le Chateau Frontenac está en el corazón de la antigua ciudad de Quebec. Se construyó en 1893 en la cumbre de una colina con vista al río San Lorenzo. Desde allí es posible ver a millas de distancia.

Le Chateau Frontenac

2. **Explica** por qué la ubicación de Quebec era tan importante.

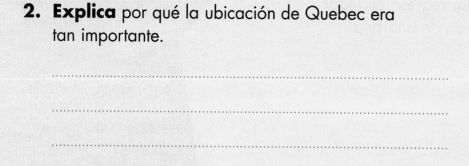

Exploración del río Mississippi

Los franceses exploraron las vías de navegación fluviales tierra adentro en lugar de recorrer la costa. En 1672, un francés llamado Louis Joliet quedó a cargo de una expedición por el río Mississippi. Una **expedición** es un viaje que tiene un propósito particular. Joliet y un sacerdote de apellido Marquette navegaron corriente abajo por el río Mississippi desde el actual Canadá. Visitaron los lugares que se conocen hoy como Green Bay, Wisconsin y Chicago, en Illinois. Descubrieron que el río Mississippi desemboca en el golfo de México.

A principios del siglo XVII, Robert de La Salle exploró los Grandes Lagos, el río Mississippi y más. Asimismo reclamó la totalidad de la región del Mississippi para Francia. En 1634, Jean Nicolet llevó consigo a siete indígenas en una expedición en una canoa grande y recorrieron el lago Michigan. Nicolet también descubrió lo que hoy en día es el estado de Wisconsin.

Debido al esfuerzo de estos exploradores y otros como ellos, los franceses comenzaron a adquirir poder y dominio en América del Norte. Reclamaron regiones grandes del continente para Francia.

3. ◉ **Secuencia** **Escribe** quién exploró primero el río Mississippi: Louis Joliet o Robert de La Salle.

....

Joliet recorrió en canoa los violentos rápidos cerca de Montreal, Canadá.

Los franceses pierden poder en América del Norte

Tanto los británicos como los franceses querían tener el control de la parte norte de América del Norte. Así comenzó la Guerra contra la Alianza Franco-Indígena. Duró de 1754 a 1763. Algunos indígenas lucharon junto a los franceses contra los británicos. Los franceses perdieron la guerra y el control de gran parte de su territorio frente a los británicos.

En 1803, Francia perdió aún más poder en América del Norte. Los Estados Unidos compraron a Francia el territorio de Luisiana. Un **territorio** es una región gobernada por un país, que puede ubicarse dentro o fuera de las fronteras de ese país. Esta operación se conoció como la Compra de Luisiana. El territorio se extendía desde el río Mississippi hasta las Montañas Rocosas, lo cual aumentó en más del doble el tamaño de los Estados Unidos.

Un soldado británico lucha en la Guerra contra la Alianza Franco-Indígena.

4. **Traza** el contorno de la Compra de Luisiana. Luego **dibuja** una línea punteada alrededor de todos los estados.

Compra de Luisiana

MONTAÑAS ROCOSAS

Compra de Luisiana

Territorio de Indiana

Ohio

Río Mississippi

Territorio sin organizar

Territorio del Mississippi

Kentucky

Tennessee

Georgia

Pennsylvania

Virginia

Carolina del Norte

Carolina del Sur

New Hampshire
Vermont

Mass.

Nueva York

Rhode Island
Connecticut
Nueva Jersey
Delaware
Maryland

OCÉANO ATLÁNTICO

LEYENDA
- Estado
- Territorio
- Compra de Luisiana
- Zona en disputa

N O E S

0   400 mi
0   400 km

5. ⊙ **Secuencia Escribe** tres de los sucesos principales de la lección en orden del primero al último. **Explica** por qué cada suceso fue importante.

┌───┐
│   │
│   │
│   │
└───┘

⬇

┌───┐
│   │
│   │
│   │
└───┘

⬇

┌───┐
│   │
│   │
│   │
└───┘

6. ❓ **Describe** una característica particular de la primera exploración de los franceses.

mi Historia: Ideas

....

....

....

⬛ **¡Para!** Necesito ayuda ....

⏸ **¡Espera!** Tengo una pregunta ....

▶ **¡Sigue!** Ahora sé ....

Las primeras comunidades inglesas

¡Imagínalo!

Viajas en barco de Inglaterra a Virginia en 1607.
Dibuja tres cosas que llevarías.

La exploración de América del Norte abrió la posibilidad de poblar nuevas tierras. Los españoles y los franceses establecieron nuevos asentamientos. Luego también llegaron los ingleses.

La colonia Roanoke

En 1587, Sir Walter Raleigh envió pobladores ingleses a establecer una colonia en la isla Roanoke, ubicada en la actual Carolina del Norte. Raleigh puso a John White al mando de los pobladores. Cuando se les acabaron los suministros, White regresó a Inglaterra y no volvió a la colonia hasta 1590.

Cuando John White regresó a la isla, descubrió que los 113 hombres, mujeres y niños que había dejado allí habían desaparecido. White halló la palabra *CROATOAN* tallada en un árbol. Algunas personas creen que White ordenó a los pobladores que tallaran esta palabra si se mudaban durante su ausencia.

La colonia perdida es aún un misterio. Algunos científicos creen que se produjo una **sequía**, es decir, que no había agua suficiente en ese momento. Algunos historiadores piensan que es posible que los pobladores se hayan sumado a las poblaciones de indígenas americanos o que hayan muerto a causa de una enfermedad o de hambre.

Colonia Roanoke

1. **Subraya** la pista que indica qué podría haber sucedido con los pobladores de la colonia Roanoke.

DESCIFRA LA ¿PREGUNTA PRINCIPAL? Aprenderé por qué los pobladores ingleses llegaron a América del Norte.

Vocabulario

sequía   cuáquero
deuda   peregrino
intérprete

Jamestown

Cerca del 14 de mayo de 1607, 105 pobladores ingleses llegaron al territorio de la actual Virginia. Llegaron en tres barcos comandados por el capitán Christopher Newport: el *Godspeed*, el *Discovery* y el *Susan Constant*. Los colonos llamaron Jamestown a la nueva colonia y King James I al río cercano, ambos nombres en honor al rey.

Mucho antes de la llegada de los ingleses, los indígenas habían construido aldeas y cultivaban la tierra en Virginia. Poco después de la llegada de los pobladores ingleses, estos agotaron sus suministros de alimentos. El capitán John Smith, uno de los líderes de la colonia, partió en busca de alimentos. Los indígenas lo capturaron junto a su grupo y los llevaron ante su jefe, Powhatan. Según una leyenda, la hija de Powhatan, llamada Pocahontas, salvó la vida de Smith.

A su regreso a Jamestown, solo 38 de los pobladores permanecían con vida. El resto había muerto a causa del hambre o de las enfermedades.

2. **Explica** qué hacían los indígenas mucho antes de la llegada de los ingleses a Virginia.

....

....

Pocahontas salva al capitán John Smith.

Las colonias de Inglaterra

Los pobladores de la colonia Roanoke desaparecieron. Muchos murieron en Jamestown. Aun así, los pobladores ingleses no se dieron por vencidos. De hecho, fundaron 13 colonias. Para la década de 1660, algunos colonos se habían desplazado hacia el sur desde Virginia. Establecieron una colonia en lo que hoy es Carolina del Norte y Carolina del Sur. La llamaron Carolina.

Los colonos que se establecieron en las colonias del sur llevaron consigo esclavos africanos. Los africanos esclavizados trabajaban la tierra.

En 1733, James Oglethorpe fundó la colonia de Georgia. Oglethorpe fundó la colonia para ayudar a las personas que habían estado en prisión por no pagar sus deudas. Una **deuda** es el dinero que se le debe a otra persona. Las personas con deudas se establecieron en Georgia. Oglethorpe quería ofrecerles a estas personas la posibilidad de empezar una nueva vida en su colonia.

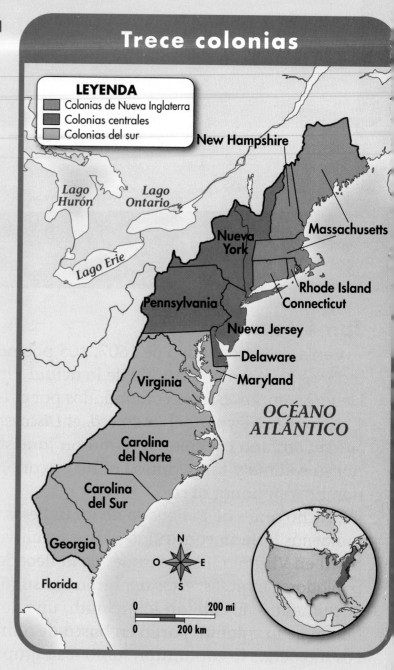

Trece colonias

LEYENDA
- Colonias de Nueva Inglaterra
- Colonias centrales
- Colonias del sur

New Hampshire

Lago Hurón
Lago Ontario
Lago Erie

Nueva York
Massachusetts
Rhode Island
Connecticut
Pennsylvania
Nueva Jersey
Delaware
Virginia
Maryland
Carolina del Norte
Carolina del Sur
Georgia
Florida

OCÉANO ATLÁNTICO

N O E S

0   200 mi
0   200 km

Mary Musgrove también desempeñó un papel clave en la fundación de Georgia. Musgrove era una indígena que pertenecía al grupo de los creeks y ofició de intérprete para Oglethorpe. Como **intérprete**, ella ayudó a los ingleses y a los indígenas a comunicarse entre sí porque era capaz de hablar ambas lenguas. Ayudó a los indígenas y a los ingleses a llevarse bien y a mantener la paz.

3. **Encierra** en un círculo los nombres de las colonias sureñas que se muestran en el mapa.

Fundación de las colonias centrales

Las colonias centrales son Nueva York, Nueva Jersey, Pennsylvania y Delaware. ¿Puedes adivinar por qué se llaman así? Se ubican exactamente entre las colonias del sur y las del norte.

Estatua de William Penn

En 1664, los Países Bajos perdieron las tierras que pasarían a ser más adelante tres de las colonias centrales en una guerra contra los ingleses. El duque de York obtuvo una parte de esas tierras. La llamó Nueva York en homenaje a sí mismo. El duque repartió las tierras restantes entre dos amigos. Con el tiempo, se convirtieron en las colonias de Nueva Jersey y Delaware. Sin embargo, el origen de Pennsylvania fue muy diferente.

William Penn estableció la colonia de Pennsylvania como un "experimento sagrado". Penn era cuáquero. Un **cuáquero** es alguien que practica una religión que cree en la paz y el trato igualitario para todos. Muchas personas se sumaron a la colonia de Penn. Algunos de los primeros pobladores de la colonia provenían de Alemania e Irlanda y viajaron allí en busca de la libertad de culto.

Benjamin Franklin es uno de los habitantes más famosos de Filadelfia, Pennsylvania. Se mudó allí porque este lugar ofrecía más oportunidades que su ciudad de origen, Boston, en Massachusetts. A cualquier lugar al que Franklin iba, siempre intentaba colaborar para que fuera un mejor lugar para vivir. Así, creó el primer cuerpo de bomberos de Filadelfia. Gracias al aporte de Franklin, Filadelfia se convirtió en una ciudad más segura.

4. **Escoge** una de las colonias centrales y **explica** cómo se fundó.

....

....

....

Benjamin Franklin se desempeñó como bombero en Filadelfia.

Colonias de Nueva Inglaterra

Massachusetts, Connecticut, Rhode Island y New Hampshire formaron las colonias de Nueva Inglaterra.

En 1620, William Bradford lideró a un grupo de peregrinos colonos a bordo de un barco llamado *Mayflower*. Un **peregrino** es una persona que viaja por motivos religiosos. Sesenta y seis días después, desembarcaron en el puerto de Provincetown, en lo que hoy es Massachusetts. Llegaron a las colonias para poder practicar libremente su religión.

Primero, los peregrinos formaron una comunidad en Plymouth, Massachusetts. Luego, escribieron un plan de gobierno llamado Pacto del Mayflower. Este pacto establecía que los colonos redactarían sus propias leyes en beneficio de la comunidad. Todos acordaron obedecer estas leyes. Era la primera vez que los colonos europeos en América redactaban sus propias leyes. Bradford se convirtió en el líder de la comunidad e hizo un buen trabajo. Los peregrinos y los indígenas comenzaron a intercambiar alimentos y otros artículos. Squanto, un indígena que había aprendido a hablar inglés, fue el intérprete. En 1621, los peregrinos y los indígenas se sentaron a compartir un festín con productos de la cosecha. Hoy en día se considera que esta fue la primera celebración de Acción de Gracias.

Una mujer llamada Anne Hutchinson no compartía las creencias de los peregrinos. Comenzó a difundir sus propias creencias. En consecuencia, fue obligada a abandonar Massachusetts en 1634. Tiempo después, ella fundaría Portsmouth, en Rhode Island.

5. ◉ **Secuencia** **Subraya** las dos primeras cosas que hicieron los peregrinos tras su llegada a América.

Estas personas representan la primera celebración de Acción de Gracias.

6. ⊙ **Idea principal y detalles** **Completa** la siguiente tabla con detalles que apoyen la idea principal.

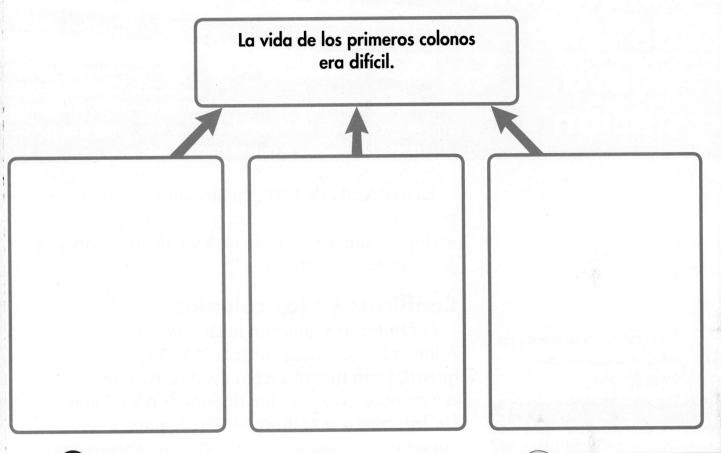

La vida de los primeros colonos era difícil.

7. ❓ **Menciona** un motivo del asentamiento de los ingleses en las Américas. **Escribe** por qué esa razón aún es importante para todos.

mi Historia: Ideas

....

....

....

◻ **¡Para!** Necesito ayuda ....

❙❙ **¡Espera!** Tengo una pregunta ....

▶ **¡Sigue!** Ahora sé ....

La formación de una nueva nación

¡Imagínalo!

Esta es una de las primeras banderas estadounidenses; es un símbolo de libertad. Escribe tres cosas que puedes hacer libremente y que te hacen feliz.

En la década de 1770, vivían unos 2 millones de personas en las 13 colonias, gobernadas por Gran Bretaña. Cada año, crecía el deseo de los colonos de gobernarse a sí mismos.

Conflictos en las colonias

Los británicos ganaron la Guerra contra la Alianza Franco-Indígena en 1763. Después de la guerra, Gran Bretaña tenía deudas. Para reunir dinero para pagarlas, fijó impuestos a los colonos. Un **impuesto** es el dinero que se le paga a un gobierno. Los colonos se enfurecieron. Creían que era injusto porque ellos no tenían participación en el gobierno británico.

En 1764, los británicos aprobaron la Ley del Azúcar, un impuesto al azúcar que llegaba a las colonias. En 1765, Gran Bretaña aprobó la Ley del Timbre, un impuesto a todos los artículos impresos, como los periódicos y los documentos legales.

Los colonos se enojaron más y dijeron: "¡No a los impuestos sin representación!". No pagarían los impuestos sin tener participación en el gobierno.

La Ley del Timbre se anuló, pero hubo nuevos impuestos al papel, al vidrio y al plomo. Muchos colonos no compraron estos objetos y los británicos perdieron mucho dinero.

Los colonos norteamericanos estaban enojados con Gran Bretaña.

DESCIFRA LA
PREGUNTA PRINCIPAL
?

Aprenderé las causas
y los efectos de la Guerra de
Independencia.

Vocabulario

impuesto   independencia
protestar   revolución
cuerpo   constitución
  legislativo
patriota

En 1773, los británicos aprobaron la Ley del
Té, que establecía que los colonos solo podían
comprar té a Gran Bretaña. Para **protestar**, es
decir, quejarse, algunos colonos se disfrazaron de
indígenas americanos. Subieron a bordo de los
barcos británicos anclados en el puerto de Boston
y ¡lanzaron todo el té al mar! Este suceso se llamó
el Motín del Té de Boston. Los británicos, irritados,
cerraron el puerto de Boston y despojaron al cuerpo
legislativo de Massachusetts de muchos de sus
poderes. Un **cuerpo legislativo** es la parte del
gobierno que se encarga de crear las leyes.

La disputa era por el dinero, el poder y el
control. ¿Quién debía gobernar el territorio
norteamericano, Gran Bretaña o los colonos?

1. **Explica** por qué los colonos lanzaron al
mar todo el té de los barcos anclados en el
puerto de Boston.

....

....

....

....

El Motín del Té de Boston

Patriotas norteamericanos

La ira de muchos colonos norteamericanos llamados patriotas contra el gobierno británico crecía cada vez más. Un **patriota** es una persona que ama y defiende a su país y también los derechos de su pueblo. Los patriotas querían que las colonias norteamericanas fueran libres.

Los patriotas tenían orígenes sociales diversos. Algunos eran jóvenes, como Nathan Hale. Otros eran mayores, como Benjamin Franklin. Algunos eran líderes, como Thomas Jefferson. Otros eran granjeros, como Daniel Shays. Todos trabajaron con empeño para obtener la **independencia**, es decir, la libertad, para las colonias.

El 18 de abril de 1775, un patriota llamado Paul Revere cabalgó desde Boston hasta Lexington, en Massachusetts, para advertir a los líderes coloniales Samuel Adams y John Hancock que se acercaban tropas británicas a arrestarlos. Revere también quería evitar que los británicos se apropiaran de las armas de los colonos. Se detuvo en cada casa que encontró durante el trayecto para advertir a los habitantes que los británicos se acercaban.

Estaba por estallar una guerra: la Guerra de Independencia, o sea, una guerra entre las colonias norteamericanas y los británicos. A esta guerra también se la llama Revolución Norteamericana. Una **revolución** tiene lugar cuando las personas quieren reemplazar al gobierno que tiene el control por uno nuevo. La guerra comenzó el 19 de abril de 1775 en las ciudades de Lexington y Concord, en Massachusetts.

La cabalgata de Paul Revere

2. **Escribe** por qué las personas se convertían en patriotas.

....

....

....

La libertad y el gobierno

Durante el verano de 1776, Thomas Jefferson escribió la Declaración de Independencia. En ella se informaba al mundo por qué las colonias se separaban de Gran Bretaña. También explicaba lo que representaba la nación.

La primera parte establecía que las personas tienen derechos que el gobierno debe proteger. La segunda parte enumeraba las quejas de los colonos contra el rey británico. La tercera parte afirmaba que las colonias constituían a partir de ese momento estados libres e independientes y que ya no formaban parte de Gran Bretaña.

La Guerra de Independencia duró ocho años. Ese fue el tiempo que le llevó a los Estados Unidos ganar su independencia de Gran Bretaña. En mayo de 1787, se reunieron 55 personas en Filadelfia para redactar un nuevo plan de gobierno: la Constitución de los Estados Unidos. Una **constitución** es un plan de gobierno escrito donde se explican las creencias y las leyes de un país. George Washington, Benjamin Franklin y James Madison eran tres líderes conocidos y respetados que ayudaron a escribir la Constitución.

El 17 de septiembre de 1787, los miembros dieron por terminada la tarea. Habían redactado un nuevo plan de gobierno para los Estados Unidos. Sería el pueblo, no un rey, quien gobernara la nueva nación independiente.

3. ◎ **Resumir** **Haz una lista** de tres cosas que se incluyeron en la Declaración de Independencia.

....

....

....

....

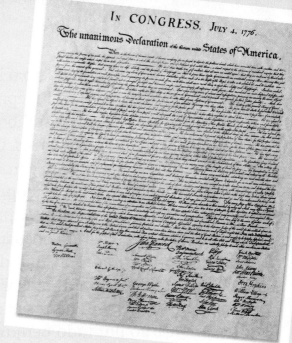

La Declaración de Independencia

La firma de la Declaración de Independencia

Washington, D.C.

George Washington lideró a los soldados de las colonias en la Guerra de Independencia. Después de la guerra, quería regresar a su hogar en Mount Vernon, Virginia, y trabajar sus tierras. Otros líderes querían que Washington se hiciera cargo del nuevo gobierno.

El 4 de febrero de 1789, el pueblo escogió a Washington como su primer presidente. Los legisladores decidieron construir la nueva capital en un lugar que llamaron Ciudad Federal. Hoy se la conoce como Washington, D.C.

Se apartaron cien metros cuadrados de tierra. Un afroamericano llamado Benjamin Banneker midió el terreno para determinar sus límites. Banneker había aprendido por su cuenta a medir el terreno a través del estudio de las estrellas en el cielo nocturno. Usó piedras para marcar el terreno en cada milla.

En 1791, un francés llamado Pierre L'Enfant diseñó Washington, D.C. Escogió el lugar donde se construirían los dos edificios más importantes: el edificio del Capitolio y la Casa Blanca. También diseñó calles amplias enmarcadas por árboles. Además apartó espacio para la construcción de más estatuas en homenaje a personas importantes.

Washington, D.C., se llama así en homenaje a George Washington. Se lo recuerda como un gran líder. Un general resumió la vida de George Washington de la siguiente manera: "...primero en la guerra, primero en la paz y primero en el corazón de sus compatriotas".

George Washington

4. **Subraya** el nombre de las personas que ayudaron a crear Washington, D.C.

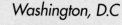

Washington, D.C

5. ⊙ **Secuencia Haz una lista** de los siguientes sucesos en el orden en que ocurrieron.

> - Se termina de escribir la Constitución de los Estados Unidos.
> - Gran Bretaña aprueba la Ley del Timbre.
> - Termina la Guerra contra la Alianza Franco-Indígena.
> - Paul Revere cabalga hasta Lexington.

1763 ....

1765 ....

1775 ....

1787 ....

6. ❓ **Explica** cómo los líderes coloniales ayudaron a construir una nueva nación.

mi Historia: Ideas

....
....
....
....

⬛ **¡Para!** Necesito ayuda ....

⏸ **¡Espera!** Tengo una pregunta ....

▶ **¡Sigue!** Ahora sé ....

Repaso y Evaluación

Lección 1

Los primeros pobladores de América del Norte

1. **Rellena** el círculo de la respuesta correcta.

   ¿Por qué los iroqueses se asentaron donde hoy están el Canadá y el estado de Nueva York?

   ○ para separarse de otros grupos

   ○ para demostrar que eran líderes fuertes

   ○ para usar los árboles de los bosques en la construcción de sus casas

   ○ para buscar pieles de castor

Lección 2

Los primeros exploradores

2. **Completa** la siguiente tabla con la información correcta de cada explorador.

Explorador	País	Dónde exploró
Cristóbal Colón		
Samuel de Champlain		
Sir Francis Drake		

Repaso y Evaluación

Las primeras comunidades españolas

3. Escribe tres métodos de colonización españoles.

....

....

....

....

4. Encierra en un círculo dos lugares colonizados por los españoles.

- California

- Canadá

- Florida

- Nueva York

Las primeras comunidades francesas

5. Explica lo que hizo Pierre Laclede en la ciudad de St. Louis.

....

....

....

....

Lección 5

Las primeras comunidades inglesas

6. **Completa** la tabla con dos personas que se relacionen con cada colonia.

Jamestown	Georgia	Pennsylvania

Lección 6

La formación de una nueva nación

7. **Explica** por qué las leyes que aprobaron los británicos, como la Ley del Timbre, enfurecieron a los colonos.

....

....

....

....

8. ◉ **Secuencia** **Escribe** números para indicar el orden de los siguientes sucesos.

_____ Comienza la Guerra de Independencia.

_____ Se desata el Motín del Té de Boston.

_____ George Washington se convierte en nuestro primer presidente.

_____ James Madison ayuda a escribir la Constitución de los Estados Unidos.

Conéctate en línea para escribir e ilustrar tu **myStory Book** usando **miHistoria: Ideas** de este capítulo.

¿Cómo influye nuestro pasado en nuestro presente?

En este capítulo aprendiste cómo nuestra historia afecta nuestra vida actual. Los exploradores vinieron a América desde todas partes del mundo. Aprendimos de esos primeros exploradores.

Piensa en tu propia vida. **Escribe** sobre algo que has aprendido en el pasado que te sirve hoy en día.

....

....

....

....

....

Ahora **haz** un dibujo que muestre algo que aprendiste cuando eras más pequeño que aún haces o usas en la actualidad.

Mientras estás en línea, dale un vistazo a **myStory Current Events,** donde puedes crear tu propio libro sobre un tema de actualidad.

El gobierno de los Estados Unidos

PREGUNTA PRINCIPAL

¿Por qué se necesita el gobierno?

Piensa en por qué los líderes hacen reglas. Luego **escribe** por qué las reglas son importantes.

....

....

....

....

Muchas personas celebran el Día de la Independencia, en homenaje a nuestro gobierno.

George Washington

El primer presidente de los Estados Unidos

mi Historia: Video

Tal vez conozcas esta historia sobre George Washington cuando era pequeño. La historia cuenta que su padre le regaló un hacha pequeña, de las que se usan para cortar madera. Un día, George cortó un cerezo con el hacha. Su padre vio el cerezo en el suelo. Sorprendido y disgustado, le preguntó a su hijo: "¿Qué hiciste?".

"No puedo mentir, papá. Corté el árbol con el hacha", dijo George. Aunque al padre de George no le gustó que el niño cortara el árbol, se sintió feliz de que su hijo fuera honesto.

Esta historia en realidad no es cierta. Quizá alguien la inventó para mostrar que George Washington era honesto. Sin embargo, hay historias sobre él que sí son ciertas porque están basadas en hechos. Los siguientes son algunos hechos acerca de Washington.

Washington nació en 1732, en Virginia. Allí vivió con su familia en una granja. En 1743, fue a vivir con unos parientes en Mount Vernon. Al poco tiempo comenzó a trabajar de topógrafo. Como topógrafo, medía la tierra y trazaba mapas.

Washington trabajó como topógrafo.

127

George Washington ayudó a entrenar al Ejército Continental.

El arriesgado plan de George Washington funcionó: cruzaron el río Delaware y sorprendieron a los británicos.

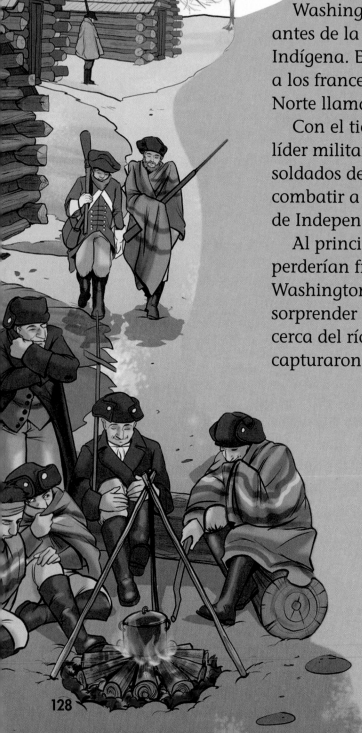

En Valley Forge, los soldados usaban las provisiones que encontraban.

Washington se unió al ejército en 1754, poco antes de la Guerra contra la Alianza Franco-Indígena. El objetivo de esa guerra era mantener a los franceses fuera de una parte de América del Norte llamada valle de Ohio.

Con el tiempo, Washington llegó a ser un hábil líder militar. En 1775, le pidieron que liderara a soldados de las colonias norteamericanas para combatir a los británicos. Esa guerra se llamó Guerra de Independencia.

Al principio de la guerra, parecía que los colonos perderían frente a los británicos. Sin embargo, Washington creó un arriesgado plan: decidió sorprender a las fuerzas británicas que acampaban cerca del río Delaware, en Nueva Jersey. ¡Los colonos capturaron a unos 900 soldados británicos!

Un invierno, durante la guerra, los soldados norteamericanos acamparon en un lugar de Pennsylvania llamado Valley Forge. Tenían pocas provisiones. Había poca comida y la mayoría de los soldados no tenían ropa de abrigo. Algunos soldados volvieron a su casa. Muchos otros se quedaron para apoyar a su líder, George Washington.

Muchos norteamericanos confiaban en Washington.

Washington y otros líderes ayudaron a construir un gobierno fuerte.

La Guerra de Independencia terminó en 1783. Las colonias ganaron y se liberaron de Gran Bretaña. Ahora eran los Estados Unidos de América. Después de la guerra, Washington planeaba volver a su casa de Mount Vernon. Pero ya era un líder famoso y le quedaba mucho por hacer. En 1787, Washington viajó a Filadelfia para asistir a una gran reunión llamada Convención Constitucional. Los líderes de los Estados Unidos se reunieron para escribir un plan para el nuevo gobierno. Ese plan se conoció con el nombre de Constitución de los Estados Unidos.

En 1788, Washington fue elegido como primer presidente de los Estados Unidos. Washington usó las ideas y las leyes de la Constitución para mostrar cómo debería ser el trabajo del presidente. En la actualidad, los presidentes siguen haciendo muchas de las tareas que hizo Washington como presidente.

Washington murió en Mount Vernon en 1799. La historia del cerezo no es cierta. Sin embargo, las acciones de Washington nos permiten saber que fue un hombre honesto, valiente y leal a su país.

Piénsalo Según esta historia, ¿cómo demostró Washington que era leal a su país? A medida que lees el capítulo, piensa en lo que muestra la vida de Washington sobre el modo de apoyar al gobierno.

Nuestra democracia

Encierra en un círculo las ilustraciones de objetos relacionados con la seguridad de las personas.

Piensa en algunas de las reglas que sigues en el salón de clase. Algunas reglas ayudan a mantener el orden. Por ejemplo, los estudiantes deben escuchar mientras otros hablan. Otras reglas tienen como fin proteger a todos. Durante los simulacros de incendio, es importante caminar con calma y en silencio. Los estudiantes, maestros y directores crean y siguen las reglas para que las escuelas funcionen bien.

Por qué necesitamos un gobierno

En las comunidades de todo el mundo, las personas establecen gobiernos. Las personas necesitan gobiernos para hacer leyes que mantengan el orden y ayuden a las comunidades a funcionar bien. Así como hay reglas para el salón de clase, también hay leyes que describen cómo deben comportarse los ciudadanos. Algunas de esas leyes tienen que ver con la seguridad. Los límites de velocidad y los semáforos están para ayudar a prevenir accidentes de automóviles. También hay leyes que protegen los derechos de las personas.

Las personas también necesitan gobiernos para obtener servicios que no pueden conseguir por sí solas. Los gobiernos contratan policías y bomberos. La policía se asegura de que las personas respeten las leyes. Al igual que los bomberos, la policía trabaja para proteger a las personas y sus pertenencias.

Los bomberos protegen a las personas.

Aprenderé por qué necesitamos un gobierno y cómo es el gobierno de los Estados Unidos.

Vocabulario

democracia

representar

libertad

Hay distintas formas o tipos de gobierno en distintas comunidades del mundo. En los Estados Unidos, el gobierno está a cargo de sus ciudadanos. Es una democracia. En una **democracia**, las personas votan para escoger al líder de la comunidad, el estado o la nación. A veces, también votan por leyes que todos deben respetar.

En algunos gobiernos del mundo, las personas no pueden escoger a sus líderes. Hay países gobernados por un rey o una reina cuyo padre o madre había sido el rey o la reina antes que ellos. El rey o la reina puede permitir o no a las personas votar las leyes. Un país también puede estar gobernado por una sola persona o un grupo pequeño que tiene todo el poder. En esos países, los ciudadanos no pueden escoger a los líderes ni votar las leyes.

1. **Subraya** las razones por las cuales las personas necesitan un gobierno. Luego **escribe** la forma de gobierno de los Estados Unidos.

....

Los gobiernos colocan señales al lado de los caminos para recordar a los conductores que manejen con cuidado.

Libertad y felicidad

En el siglo XVIII, el rey George III y el gobierno británico gobernaban las colonias de América del Norte. Muchas personas que vivían en las colonias, como Patrick Henry, hablaban en contra del dominio británico. Henry y otros colonos querían que otras personas los pudieran **representar**, es decir, hablar por ellos ante el gobierno. También querían un gobierno que protegiera los derechos de todos los gobernados, no solo de quienes vivían en Gran Bretaña. Algunos de los derechos que querían los colonos eran el derecho a vivir en libertad, el derecho a seguir cualquier religión, el derecho a votar y el derecho a un juicio justo.

Los colonos querían **libertad**, es decir, no querían estar bajo el dominio británico. Le pidieron a Thomas Jefferson que escribiera la Declaración de Independencia para afirmar los derechos que deben tener las personas.

> *"Sostenemos como evidentes [claras] estas verdades: que todos los hombres son creados [nacen] iguales; que son dotados por su Creador de ciertos derechos inalienables [seguros]; que entre estos están la vida, la libertad y la búsqueda de la felicidad".*

—Declaración de Independencia

Patrick Henry habla en contra del dominio británico.

La Declaración de Independencia también estableció que un gobierno debe proteger los derechos de sus ciudadanos. Si un gobierno les quitara esos derechos, las personas podrían cambiar el gobierno o formar uno nuevo. Los colonos no tenían esos derechos cuando los gobernaba Gran Bretaña. Para conseguirlos, pelearon en una guerra contra Gran Bretaña. Esa guerra se llamó Guerra de Independencia. Los colonos de América del Norte ganaron la guerra en 1783.

2. ⊙ **Causa y efecto** **Completa** la tabla con la causa y el efecto que faltan.

La Guerra de Independencia

Causa	Efecto
	Los colonos escribieron la Declaración de Independencia.
Los colonos pelearon contra Gran Bretaña en la Guerra de Independencia.	

Celebración del Día de la Independencia

Los Estados se unen

Las colonias ya se habían declarado estados de una nueva nación antes del final de la Guerra de Independencia. Después de la guerra, los estados tuvieron problemas. Sus habitantes discutían por dinero y por tierras. Además, el gobierno no podía establecer reglas para el comercio entre los estados. Los colonos de América del Norte necesitaban un plan que uniera al país. Entonces los líderes se reunieron y escribieron la Constitución de los Estados Unidos.

Algunas de las leyes de la Constitución se basan en ideas del gobierno que funcionó en Grecia mucho tiempo atrás. Una de esas ideas dice que el gobierno obtiene su poder de los habitantes. En los Estados Unidos, las personas votan por líderes que las representen. En Grecia, en cambio, cada ciudadano votaba solamente sobre ciertos problemas.

Para que la Constitución llegara a ser ley, nueve de los trece estados tenían que firmarla. Al hacerlo, los estados acordaban que la Constitución era la ley máxima. Aunque cada estado tenía su propia constitución y sus propias leyes, las leyes de los estados no podían ir en contra de la Constitución de los Estados Unidos.

Constitución de los Estados Unidos

Los líderes se reunieron en Filadelfia para escribir la Constitución.

En 1788, New Hampshire fue el noveno estado en firmar y aceptar la Constitución de los Estados Unidos. De ese modo, la Constitución de los Estados Unidos se convirtió en el nuevo plan de gobierno.

3. ◉ **Resumir Escribe** un resumen de cómo la Constitución de los Estados Unidos cambió a los estados.

....

....

....

¿Entiendes?

4. ◉ **Resumir Escribe** un resumen de por qué las personas necesitan un gobierno.

....

....

....

5. ❓ **Explica** por qué los líderes escribieron la Constitución de los Estados Unidos.

mi Historia: Ideas

....

....

....

⬛ **¡Para!** Necesito ayuda ....

⏸ **¡Espera!** Tengo una pregunta ....

▶ **¡Sigue!** Ahora sé ....

Resumir

Cuando escribes un resumen, cuentas la idea principal y los detalles clave de un pasaje con tus propias palabras. Antes de comenzar a escribir un resumen, debes buscar la idea principal del pasaje. La idea principal es la idea más importante. Luego, busca los detalles clave. Los detalles dan información sobre la idea principal.

¡Ya estás listo para escribir tu resumen! En la primera oración, escribe la idea principal con tus propias palabras. Luego escribe una o dos oraciones para describir los detalles. Sigue usando tus propias palabras.

Lee el pasaje sobre la bandera de los Estados Unidos. Identifica la idea principal y los detalles. Luego lee el resumen de más abajo.

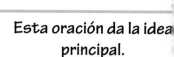

La bandera de los Estados Unidos

Al exhibir la bandera de los Estados Unidos, debemos seguir ciertas reglas en señal de respeto. Una regla dice que, cuando la bandera cuelga en una pared, la parte azul con las estrellas debe estar arriba y a la izquierda al mirarla de frente. Muchas personas cuelgan la bandera en la pared al exhibirla dentro de un edificio. Otra regla es que la bandera nunca debe tocar el piso o el suelo.

> Esta oración da la idea principal.

> Estas oraciones son los detalles clave.

Resumen

Hay que seguir ciertas reglas para mostrar la bandera de los Estados Unidos. La bandera se debe colgar de cierta manera en la pared. Además, debe estar por encima del suelo.

> Esta oración da la idea principal con las propias palabras del escritor.

> Estas oraciones hablan sobre los detalles clave con las palabras del escritor.

¡Inténtalo!

Lee este párrafo. Luego **responde** las preguntas.

Tal vez conozcas el dicho en inglés que dice que, cuando firmas un papel, "pones tu John Hancock". Ese dicho tiene su origen en 1776, cuando se escribió la Declaración de Independencia. Un grupo de líderes se reunió en Filadelfia para decidir qué incluir en la Declaración. Cuando Thomas Jefferson terminó de escribirla, los líderes firmaron el documento antes de enviarlo al rey británico. John Hancock fue uno de los primeros en firmarlo. Hizo una firma muy grande para que el rey pudiera leerla sin lentes. Fue así como la firma de Hancock se hizo famosa. Hoy en día, cuando alguien firma un papel, se dice en inglés que ha puesto "su John Hancock".

John Hancock

1. **Encierra** en un círculo la idea principal.

2. **Subraya** los detalles clave que hablan sobre la idea principal.

3. **Escribe** un resumen de la idea principal y los detalles clave.

....

....

....

....

....

Los tres poderes del gobierno

¡Imagínalo!

Escribe quién crees que vive y trabaja en la Casa Blanca, en Washington, D.C.

Los autores de la Constitución de los Estados Unidos querían asegurarse de que el poder para gobernar la nación se dividiera de manera equitativa, o igual. Por eso organizaron el gobierno en tres partes o poderes. El poder **legislativo** hace leyes. El poder **ejecutivo** sanciona las leyes, es decir, hace que se cumplan. Los jueces del poder **judicial** verifican que las leyes sean justas. Cada poder tiene deberes y responsabilidades específicos en nuestro gobierno. Ningún poder es más fuerte que los demás poderes.

El poder legislativo

El poder legislativo se llama **Congreso.** Tiene dos partes: el Senado y la Cámara de Representantes.

El Senado está formado por dos representantes de cada estado. Un **representante** es una persona escogida para hablar en nombre de otros. Los ciudadanos votan para escoger esos representantes. Hay 50 estados. ¿Cuántas personas se escogen para el Senado? ¡Hay 100 senadores! Los senadores se escogen cada seis años y pueden ser senadores muchas veces.

Edificio del Capitolio de los Estados Unidos

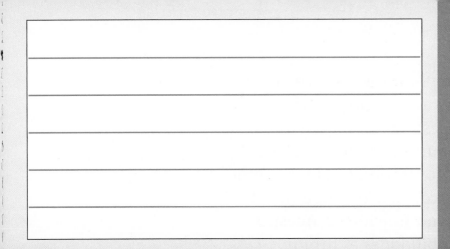

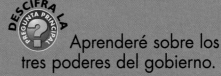
Vocabulario

legislativo   representante
ejecutivo   proyecto de ley
judicial   vetar
Congreso   gabinete

La Cámara de Representantes tiene muchos más representantes: ¡435! Esto se debe a que la cantidad de representantes depende de la cantidad de personas que viven en cada estado. Alaska es muy grande, pero no tiene muchos habitantes. Por eso, tiene un solo representante. Texas es grande y su población también es grande. Tiene 32 representantes. Los representantes se escogen cada dos años. Al igual que los senadores, hablan en nombre de las personas que votaron por ellos.

Los representantes del Congreso hacen leyes. Algunas tienen que ver con la seguridad. Otras hacen que se trate a todas las personas con justicia. Siempre empiezan como ideas. Cuando una idea se escribe para que el gobierno decida si va a ser una ley, se llama **proyecto de ley.** Para que un proyecto de ley llegue a ser ley, las dos partes del Congreso deben votar en su favor y aprobarlo. Entonces el proyecto de ley se envía para que lo firme el presidente.

1. **Subraya** el trabajo del Congreso. **Encierra** en un círculo qué pasa con un proyecto de ley después de que lo aprueba el Congreso.

El Congreso funciona en el edificio del Capitolio Nacional.

El poder ejecutivo

El poder ejecutivo hace cumplir las leyes. Este poder lo dirige el presidente de los Estados Unidos. Todos los votantes de la nación pueden escoger al presidente. El presidente ocupa este puesto durante cuatro años y solo puede ser presidente durante dos términos. El presidente vive y trabaja en la Casa Blanca, en Washington, D.C.

El presidente tiene más de una función en nuestro gobierno. Una de sus responsabilidades es firmar proyectos de ley para que sean leyes. Sin embargo, si el presidente no está de acuerdo con un proyecto de ley, lo puede **vetar**, es decir, rechazar. Si se veta un proyecto de ley, la única manera en que puede ser ley es que la mayoría de los miembros del Congreso lo aprueben al volver a votar.

El presidente está a cargo del ejército. Eso significa que el presidente es el comandante en jefe del Ejército de Tierra, la Marina, la Infantería de Marina y la Fuerza Aérea. El presidente también representa a nuestro país ante el resto del mundo. Como líder mundial, el presidente se reúne con los líderes de otros países para trabajar y resolver problemas.

El monte Rushmore está en Dakota del Sur. Allí se ven los rostros de los presidentes Washington, Jefferson, Roosevelt y Lincoln.

El presidente también trabaja con el gabinete.
El **gabinete** es un grupo de consejeros, es decir,
personas que le dicen al líder lo que piensan sobre
un tema. Cada consejero está a cargo de uno de
los 15 departamentos, o grupos, del poder ejecutivo.
Los consejeros le dan información al presidente
sobre temas importantes para el país. Pueden
ser temas sobre educación, salud o seguridad. El
presidente escoge a esos consejeros. Sin embargo, el
Senado debe aprobar las designaciones que haga
el presidente.

*La oficina que tiene
el presidente en la
Casa Blanca se llama
Despacho Oval.*

2. **◉ Resumir Escribe** un resumen de las
responsabilidades del presidente.

....

....

....

....

El poder judicial

El poder judicial está formado por cortes. Los jueces de las cortes se aseguran de que las leyes sean justas. También deciden las consecuencias o el resultado de no cumplir las leyes.

La Corte Suprema es la corte más importante de los Estados Unidos. Tiene nueve jueces. Los jueces de la Corte Suprema se llaman magistrados. Los magistrados de la Corte Suprema se aseguran de que las leyes aprobadas por el Congreso respeten la Constitución de los Estados Unidos. La mayoría de los casos que la Corte Suprema escucha son apelaciones de tribunales inferiores. Una apelación es una solicitud para revisar una decisión judicial anterior.

Edificio de la Corte Suprema de los Estados Unidos

El presidente nomina, es decir, escoge, a los magistrados de la Corte Suprema. Sin embargo, el Congreso debe aprobar todas las designaciones del presidente. La función de magistrado de la Corte Suprema no tiene un período limitado. Una vez escogido, el magistrado puede cumplir sus funciones sin límite de tiempo.

La Constitución de los Estados Unidos incluye maneras de garantizar o hacer que los tres poderes del gobierno trabajen juntos. Ese sistema se llama "controles y equilibrios". Eso significa que un poder puede controlar las acciones de otro. De esa manera, se garantiza que los tres poderes compartan el gobierno. Ningún poder tiene más autoridad que los otros.

Los nueve magistrados de la Corte Suprema

3. Escribe dos oraciones en las que describas las funciones de los magistrados que trabajan en la Corte Suprema de los Estados Unidos.

....

....

....

....

¿Entiendes?

4. ◉ **Idea principal y detalles Completa** la tabla y muestra los hechos clave sobre los tres poderes del gobierno.

Poderes del Gobierno

Poder legislativo	Poder ejecutivo	Poder judicial

5. ❓ **Explica** por qué tenemos tres poderes de gobierno.

mi Historia: Ideas

....

....

....

⬛ **¡Para!** Necesito ayuda ....

⏸ **¡Espera!** Tengo una pregunta ....

▶ **¡Sigue!** Ahora sé ....

Los niveles del gobierno

Escribe por qué las escuelas son importantes para una comunidad.

El alcalde de Newark, Nueva Jersey, marcha en un desfile comunitario.

En nuestro país hay tres niveles de gobierno: local, estatal y nacional. Cada nivel proporciona servicios a los ciudadanos. Los gobiernos local, estatal y nacional están divididos en los mismos poderes: el poder ejecutivo, el poder legislativo y el poder judicial.

El gobierno local

Los gobiernos locales proporcionan servicios a las ciudades y los pueblos. La organización de cada uno puede variar. Sin embargo, en la mayoría de las ciudades y los pueblos, las personas escogen a un alcalde o administrador municipal como jefe del poder ejecutivo. El **alcalde** es el líder de una comunidad.

Las personas que hacen las reglas y leyes de una comunidad son parte del concejo municipal. Un **concejo** es un grupo que hace leyes. Generalmente, las personas de una comunidad escogen a los miembros del concejo. Estos legisladores forman el poder legislativo.

El poder judicial está formado por las cortes de la ciudad o del pueblo. Un juez decide qué sucede con las personas que no cumplen las leyes. A veces un jurado, o grupo de ciudadanos, decide si alguien no cumplió una ley.

DESCIFRA LA PREGUNTA PRINCIPAL

Aprenderé por qué en los Estados Unidos hay tres niveles de gobierno y qué hace cada uno.

Vocabulario

alcalde
concejo
gobernador
censo

El gobierno local proporciona muchos servicios. Está a cargo del departamento de policía y del cuerpo de bomberos. El gobierno local también está a cargo de las escuelas, las bibliotecas y los parques. Se asegura de que se recoja la basura. Además, se encarga de cortar los árboles que se dañen durante una tormenta. El gobierno local mantiene las carreteras. Las pavimenta para que queden parejas. También pinta las líneas de las carreteras y coloca señales para que los caminos sean seguros para los conductores.

¿De dónde saca el gobierno local el dinero para pagar todos esos servicios? Parte del dinero proviene del gobierno estatal. Otros servicios se pagan con el dinero de los impuestos que reúne el gobierno local. A veces, los ciudadanos pagan tarifas por los servicios. Por ejemplo, en muchas ciudades grandes, la ciudad proporciona los autobuses para el transporte de las personas. Pero las personas tienen que pagar el pasaje de autobús.

Los gobiernos locales se aseguran de que las carreteras estén libres de nieve.

1. ◉ **Idea principal y detalles Subraya** algunos de los servicios que proporciona el gobierno local.

El gobierno estatal

Cada estado tiene un gobierno que lo dirige. Los estados también tienen una constitución. Las constituciones estatales describen las responsabilidades del gobernador, el cuerpo legislativo y las cortes. El **gobernador** es el jefe del poder ejecutivo de un estado, y lo escogen los habitantes del estado.

El cuerpo legislativo estatal hace leyes para el estado. Casi todos los 50 estados dividen el poder legislativo entre el Senado y la Cámara de Representantes. Los habitantes de cada estado escogen a los miembros de su legislatura estatal. Esos legisladores se reúnen en el edificio del capitolio que queda en la capital del estado.

Antes de ser presidente, Jimmy Carter fue gobernador de Georgia.

Los gobiernos estatales también tienen cortes en su poder judicial. Los jueces de las cortes estatales se ocupan de los problemas que no puedan resolver las cortes locales.

El gobierno estatal también proporciona servicios. Decide las reglas de votación, por ejemplo, si hay que mostrar un documento de identidad al votar. Los gobiernos estatales también trabajan con los gobiernos locales para mantener las autopistas estatales.

2. **Escribe** el nombre de tu gobernador y de la capital de tu estado.

....

....

....

Los miembros de la legislatura de la Florida se reúnen en este edificio de la ciudad capital de Tallahassee.

El gobierno nacional

Los tres poderes del gobierno nacional, o federal, sirven de modelo para los otros dos niveles del gobierno de los Estados Unidos. El presidente, los miembros del Congreso y los magistrados de la Corte Suprema comparten las responsabilidades de dirigir el país y dar servicios a todas las personas.

El gobierno nacional también proporciona servicios que no ofrecen los niveles local y estatal. El gobierno nacional imprime papel moneda (billetes) y hace monedas. Maneja el Servicio Postal de los Estados Unidos. Se encarga del comercio entre estados y entre países. Además, el gobierno nacional contrata a los guardabosques, quienes se encargan de administrar los parques nacionales.

El gobierno nacional también presta otro tipo de servicios a toda la nación. Cada diez años, el gobierno nacional realiza un **censo**, es decir, un conteo de la población. Ese conteo ayuda al gobierno a decidir cuánto dinero necesitan las distintas comunidades. El gobierno nacional también puede organizar un ejército. El ejército sirve para proteger a la nación o a sus habitantes. El gobierno a veces manda al ejército a prestar servicios. Los soldados ayudan a las personas y las comunidades después de una tormenta fuerte.

Los guardabosques enseñan sobre plantas y animales en los parques nacionales.

3. ◉ **Resumir Escribe** un resumen de los servicios que proporciona el gobierno nacional.

....

....

....

....

Los gobiernos trabajan unidos

Aunque los gobiernos local, estatal y nacional tienen sus propias responsabilidades, muchas veces se unen para trabajar. Trabajan unidos para llevar a cabo grandes proyectos, como construir caminos, puentes y edificios. A veces, los líderes locales y estatales le piden ayuda al gobierno nacional porque no tienen los medios para ayudar a todos sus ciudadanos.

Los tres niveles del gobierno hacen tipos de trabajos semejantes. Todos reúnen el dinero de los impuestos que pagan los ciudadanos. Con ese dinero se pagan los servicios que proporcionan los gobiernos. El gobierno nacional cobra impuestos sobre el dinero que ganan las personas con su trabajo. Algunos estados también reúnen dinero por este tipo de impuesto. Los gobiernos locales aplican impuestos a objetos que compran las personas y a propiedades, como casas y negocios.

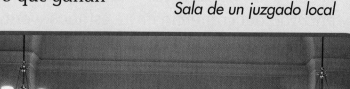

Sala de un juzgado local

Las cortes de los tres niveles también trabajan unidas. Si una corte local no resuelve un problema, el caso pasa a la corte estatal. Los casos que no se resuelven en las cortes estatales pueden ser resueltos por los magistrados de la Corte Suprema de Justicia de los Estados Unidos.

4. ⊚ Secuencia **Describe** qué ocurre si un caso no se resuelve en una corte local.

....

....

....

....

....

5. ⊙ **Idea principal y detalles Completa** la tabla con tres servicios que proporciona cada uno de los tres niveles del gobierno.

Los tres niveles del gobierno

Servicios del gobierno local:

Servicios del gobierno estatal:

Servicios del gobierno nacional:

6. ❓ **Explica** por qué las personas escogen líderes locales, estatales y nacionales.

mi Historia: Ideas

....

....

....

....

▢ **¡Para!** Necesito ayuda ....

❙❙ **¡Espera!** Tengo una pregunta ....

▶ **¡Sigue!** Ahora sé ....

Comparar puntos de vista

Cuando comparas puntos de vista, puedes aprender por qué las personas tienen opiniones diferentes sobre un mismo asunto. Las personas usan frases clave para mostrar sus puntos de vista, como *pienso que, creo que* y *en mi opinión*. Lee el punto de vista de cada ciudadano sobre qué hacer con las tierras comunitarias que no se usan. Luego, mira el diagrama y lee las semejanzas y diferencias que hay entre esos puntos de vista.

Punto de vista 1

Pienso que hay que hacer un área de juego en la tierra que no se usa. Podríamos colocar un tobogán, columpios y un arenero. Así, los niños de la comunidad tendrían un lugar seguro para jugar. Además, creo que esto los ayudará a estar más activos y sanos.

Punto de vista 2

En mi opinión, tendríamos que hacer un mercado de frutas y verduras en la tierra que no se usa. Pienso que un mercado de frutas y verduras ayudará a los niños y los adultos de la comunidad a mantenerse sanos. El mercado también ayudará a los granjeros locales a ganar dinero.

Punto de vista 1

- Los niños tendrían un lugar seguro para jugar.
- Ayudaría a los niños a estar más activos.

Ambos

Ayudaría a los niños a estar sanos.

Punto de vista 2

- Ayudaría a los adultos a estar sanos.
- Ayudaría a los granjeros a ganar dinero.

¡Inténtalo!

Lee el punto de vista de cada ciudadano sobre cómo lograr que las escuelas no estén sobrepobladas. Luego **completa** el diagrama y muestra las semejanzas y las diferencias que hay entre los dos puntos de vista.

Punto de vista 1

Muchas familias nuevas se han mudado a nuestra comunidad. Como resultado, la escuela está sobrepoblada, porque cada vez hay más estudiantes. Creo que necesitamos construir una escuela nueva. Costará dinero pero así los salones de clase no estarán tan llenos. Los maestros podrán dedicar más tiempo a cada estudiante.

Punto de vista 2

En mi opinión, deberíamos dividir el horario escolar. Los estudiantes de los grados K a 3 irían a la escuela de 7:00 a. m. a 1:00 p. m. Los estudiantes de los grados 4 a 6 irían a la escuela de 1:30 p. m. a 6:30 p. m. La escuela estaría menos sobrepoblada, y no tendríamos que gastar dinero en la construcción de una escuela nueva.

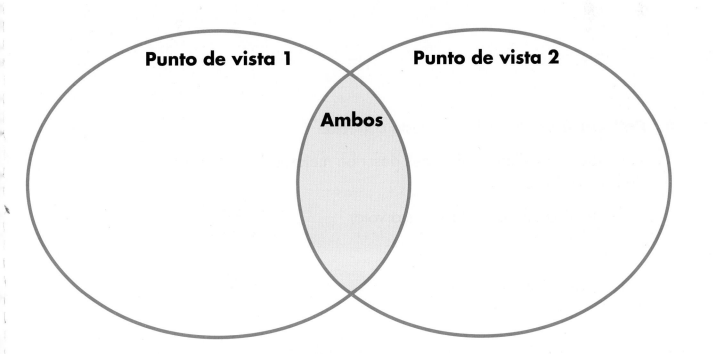

Punto de vista 1   Ambos   Punto de vista 2

Repaso y Evaluación

Nuestra democracia

1. Escribe algunas maneras en que el gobierno nos ayuda a mantenernos seguros.

....

....

....

....

2. Subraya la descripción de lo que significa tener libertad.

pagar impuestos   ir a la escuela

trabajar   vivir como queremos

3. ◉ **Resumir Escribe** un resumen sobre los derechos que debían tener las personas según los colonos.

....

....

....

....

4. Rellena el círculo de la respuesta correcta.

¿Cuál de las siguientes opciones describe mejor la Constitución de los Estados Unidos?

○ el derecho de los ciudadanos a votar

○ los deberes de un rey

○ la ley principal del país

○ el gobierno del estado

Repaso y Evaluación

Lección 2

Los tres poderes del gobierno

5. Traza una línea y une cada poder del gobierno con su trabajo.

poder ejecutivo   Hace leyes.

poder legislativo   Se asegura de que las leyes sean justas.

poder judicial   Hace cumplir las leyes.

6. Haz una lista de las dos partes del Congreso.

_____

_____

7. Explica los distintos trabajos que tiene el presidente como líder del poder ejecutivo.

_____

_____

_____

_____

8. Encierra en un círculo el poder que incluye a la Corte Suprema.

ejecutivo   legislativo   judicial

9. Escribe el nombre del sistema que garantiza que los tres poderes del gobierno trabajen juntos.

_____

Lección 3

Los niveles del gobierno

10. Rellena el círculo de la respuesta correcta.

¿Cuál de las siguientes oraciones describe un servicio que proporciona el gobierno local?

O Imprime dinero.

O Administra parques nacionales.

O Dirige el departamento de bomberos.

O Establece el sistema postal.

11. ◉ **Resumir Escribe** un resumen sobre los servicios que proporciona el gobierno estatal.

....

....

....

....

12. Subraya el líder del gobierno nacional.

alcalde   gobernador   presidente

13. Explica la manera en la que trabajan juntos los tres niveles del gobierno.

....

....

....

....

Conéctate en línea para escribir e ilustrar tu **myStory Book** usando **miHistoria: Ideas** de este capítulo.

¿Por qué se necesita el gobierno?

El gobierno mantiene el orden, protege nuestras comunidades y nos proporciona muchos servicios. Cada nivel del gobierno, cualquiera sea el servicio que nos proporciona, trabaja para ayudar a las personas.

Piensa en nuestro gobierno. **Explica** en qué podría cambiar tu vida si nuestro gobierno no fuera una democracia.

....

....

....

....

Ahora **dibuja** algo que puedes hacer libremente porque nuestro gobierno lo hace posible.

Mientras estás en línea, dale un vistazo a **myStory Current Events,** donde puedes crear tu propio libro sobre un tema de actualidad.

El civismo

PREGUNTA PRINCIPAL

¿Cómo puedo participar?

Describe algunas maneras en las que las personas ayudan a otros. Luego escribe sobre algo que hiciste para ayudar a alguien.

....

....

....

....

....

Los clubes para niños y niñas, como este, son lugares donde los jóvenes de los Estados Unidos aprenden y se divierten.

Trabajar como voluntario
Mentor, tutor, amigo

mi Historia: Video

Alicia es voluntaria del club de niños y niñas de su vecindario. Un voluntario es una persona que mejora la comunidad y ayuda a otros. Hoy, Alicia va a llevar a una niña de 9 años llamada Kareena a visitar el club. La vida diaria de Kareena es como la de cualquier niña de 9 años. Va a la escuela, ayuda con las tareas domésticas y se pregunta qué será cuando sea grande. Kareena quiere saber qué hace Alicia como voluntaria del club de niños y niñas.

"Hola, Kareena, bienvenida al club de niños y niñas", dice Alicia. "Te voy a llevar a recorrerlo". Durante el recorrido, Kareena se emociona al ver tantas cosas interesantes que tiene el club: un cuarto de juegos, una sala de estudio, un cuarto de computadoras, un cuarto de arte y hasta un cuarto para ver televisión. "Debe ser divertido pertenecer a un club como este", dice Kareena. "¿Tienen juegos de damas? ¡No juego desde los seis años!".

Alicia estaba feliz de poder mostrarle a Kareena el club.

157

A Alicia le encanta trabajar en la mesa de entrada, donde saluda a los niños que llegan al club.

A Alicia le gusta ayudar a los niños a hacer la tarea.

Alicia ayuda a Kareena a usar la computadora.

Desde hace un año, Alicia es voluntaria del club de niños y niñas cinco días a la semana. Lo que más le gusta es trabajar en la mesa de entrada. Les da la bienvenida a los niños y los ayuda a decidir por dónde empezar. También le gusta ayudar a los niños más pequeños con la tarea. A veces, demuestra su creatividad decorando el tablero de avisos. "Hasta un simple juego de mesa puede ser muy divertido con estos niños", nos dice Alicia. Alicia perteneció al club cuando era pequeña y así se dio cuenta de la importancia de los voluntarios. Tener un mentor adolescente en el club fue una gran influencia en la vida de Alicia. Un mentor es alguien en quien puedes confiar y que te puede guiar. "Quiero ser un modelo para otros niños", explica Alicia "y quiero ayudar a mi comunidad como me ayudó a mí". A Alicia le gustaba ir al club cuando era niña y, ahora que es voluntaria, se esfuerza por ser una influencia importante en la vida de otra persona.

El personal del club de niños y niñas valora la ayuda de Alicia.

Saber interactuar con los niños es una de las destrezas más importantes que Alicia aprendió como voluntaria.

Ser voluntario es parte de ser un buen ciudadano. Como voluntaria, Alicia contribuye al éxito del club. "Los adolescentes que trabajan aquí como voluntarios ganan experiencia", explica. "A cambio, el personal recibe ayuda en todo lo que hay por hacer". El personal del club, o el grupo de personas que trabajan aquí, es pequeño. Tanto el personal como los niños valoran la ayuda de los voluntarios.

Ser voluntaria no solo le da a Alicia la oportunidad de ayudar a su comunidad, sino que le permite crecer de varias maneras. "Algunas de las destrezas que aprendo aquí, en especial saber interactuar con los niños, no se aprenden en un libro".

Alicia está enviando solicitudes para entrar a la universidad. Sabe que su trabajo como voluntaria es algo muy bueno para incluir en este tipo de solicitud. Además piensa en un futuro más lejano. "Casi todos en mi familia han estado en el ejército", explica. "Algún día, yo también quisiera servir a mi país, pero primero quiero terminar la universidad". Al trabajar como voluntarios, aprendemos destrezas que pueden ser útiles el resto de nuestra vida.

Piénsalo Según lo que acabas de leer, ¿crees que te gustaría trabajar como voluntario cuando crezcas? A medida que lees el capítulo, piensa en qué te dice la historia de Alicia acerca de ser un buen ciudadano.

Alicia y Kareena se divirtieron mucho jugando básquetbol.

Buenos ciudadanos, buenas obras

¡Imagínalo!

☐ ☐

Marca con una X los recuadros de las fotografías que muestran niños ayudando.

Tú eres un ciudadano porque eres miembro de una comunidad, un estado o una nación. Los buenos ciudadanos hacen cosas en bien de la comunidad. Dan un buen ejemplo a los demás. ¿Cómo sabes si eres un buen ciudadano? Vamos a descubrirlo.

Ser un buen ciudadano

Das la bienvenida a la familia que acaba de mudarse a la casa de al lado. Ayudas al vecino a llevar las bolsas de las compras. Recoges las ramas que cayeron en la acera a causa de la tormenta. Todas estas acciones demuestran que eres un buen ciudadano. Estás haciendo buenas obras. Una **obra** es una acción. Una buena obra es una acción que ayuda a otras personas.

En las comunidades hay muchos ciudadanos que hacen buenas obras. A veces, cuando el cuerpo de bomberos necesita un camión nuevo, los ciudadanos reúnen dinero para comprarlo. Cuando una comunidad decide hacer una huerta para compartir las verduras entre los ciudadanos, todos se juntan para plantar las semillas. Cuando faltan personas para leerles a los niños en la biblioteca, algunos ciudadanos se ofrecen a hacerlo en su tiempo libre. Muchas veces, los ciudadanos trabajan juntos por el bien de toda la comunidad.

Los buenos ciudadanos ayudan a las personas de la comunidad.

DESCIFRA LA
PREGUNTA PRINCIPAL
?

Aprenderé mis derechos y mis responsabilidades como ciudadano.

Vocabulario

obra
enmienda
voluntario

Las personas observan qué hacen y cómo se comportan otros ciudadanos de su comunidad. Los buenos ciudadanos son modelos en su comunidad. Es decir, les dan buen ejemplo a los demás.

1. Dibuja de qué manera puedes ser un buen ciudadano.

Este buen ciudadano dedica su tiempo libre a leer a los niños en la biblioteca.

Nuestros derechos

Los ciudadanos de los Estados Unidos tienen muchos derechos. Algunos de esos derechos aparecían en la Constitución de los Estados Unidos, tal como fue escrita por primera vez. La Constitución es el plan de gobierno de nuestro país.

Algunas personas pensaban que la Constitución debía incluir más derechos básicos de los ciudadanos. Como resultado, en 1791 se agregaron diez **enmiendas,** es decir, cambios, a la Constitución. Estas diez enmiendas se llaman Declaración de Derechos. La Declaración de Derechos protege ciertos derechos básicos de los ciudadanos.

Declaración de Derechos

Según la Declaración de Derechos, los ciudadanos tienen derecho a practicar la religión que deseen o a no tener ninguna religión. También les da derecho a decir y escribir sus opiniones. Además, los ciudadanos tienen derecho a un juicio justo si se los acusa de un crimen. La Declaración de Derechos también permite a las personas reunirse públicamente en grupos pacíficos para hablar sobre temas que les preocupan.

En los Estados Unidos, uno de los derechos más importantes de los ciudadanos es el derecho al voto. Los ciudadanos votan para escoger a sus líderes. Estos líderes dirigen nuestro gobierno. Los ciudadanos también votan sobre temas importantes, por ejemplo, cómo debería el gobierno gastar el dinero.

2. **Mira** la fotografía. **Escribe** para qué podría estar votando la niña en la escuela.

....

....

....

....

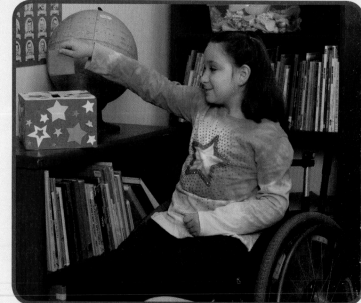

Hasta en la escuela, los buenos ciudadanos votan sobre temas importantes.

Nuestras responsabilidades

Votar es a la vez un derecho y una responsabilidad de los buenos ciudadanos. Una responsabilidad es un deber, es decir, algo que debe hacerse. El estudio de los derechos y los deberes de los ciudadanos se llama civismo. Al votar en las elecciones escolares, los estudiantes ayudan a tomar decisiones. Cuando los ciudadanos tienen 18 años, pueden votar para escoger a los líderes de la comunidad, como el alcalde. También pueden votar por líderes estatales y nacionales, como el gobernador o el presidente.

Los buenos ciudadanos también tienen otras responsabilidades. Por ejemplo, deben respetar los derechos y la propiedad de los demás. Si esperas tu turno con paciencia en el bebedero, estás respetando los derechos de los demás. Si le devuelves a un compañero de clase el lápiz que te prestó, estás respetando la propiedad de los demás.

Los buenos ciudadanos tienen una responsabilidad con su comunidad. Algunos ciudadanos son voluntarios. Un **voluntario** mejora la comunidad y ayuda a otras personas. Los voluntarios no reciben dinero por su trabajo. Pueden trabajar en comedores comunitarios, recolectar ropa para los desamparados o llevar comida a personas que están muy enfermas y no pueden salir de su casa. A veces, los voluntarios ayudan a limpiar los parques y las aceras. Ayudan porque quieren hacerlo.

Algunos voluntarios sirven comida a las personas que necesitan alimento.

3. Enumera tres maneras de ser un buen ciudadano.

....

....

Nuestras reglas y nuestras leyes

Tenemos reglas en la casa y en la escuela. En algunas familias, una de las reglas es que cada cual tienda su propia cama. Esta regla ayuda a que haya limpieza y orden. En muchas escuelas, una de las reglas es que los estudiantes caminen y no corran por los pasillos. Si esta regla no se sigue, alguien puede resultar lastimado.

Las personas respetan las leyes de la comunidad en bien de la seguridad.

Cada comunidad tiene leyes. Los gobiernos hacen las leyes para el bien común de todas las personas. Algunas leyes protegen nuestra seguridad. Por ejemplo, una comunidad puede tener una ley que indique que las personas deben cruzar la calle por un cruce peatonal. Esa ley comunitaria hace que sea seguro cruzar la calle.

Las reglas y las leyes nos ayudan a saber qué hacer. Ayudan a mantener el orden. Imagina que los estudiantes de un salón de clase gritaran las respuestas en cualquier momento. Sería muy difícil trabajar. Por eso, una de las reglas es levantar la mano cuando quieres hablar.

Algunas personas deciden no seguir las reglas ni respetar las leyes. Cuando hacen eso, ponen en peligro su seguridad y la de los demás. Las personas que no respetan las leyes a veces deben pagar una multa o hasta ir a la cárcel.

Es importante que todos los ciudadanos respeten las reglas y las leyes. Las reglas y las leyes ayudan a que la comunidad, el estado y la nación sean lugares seguros y ordenados para vivir.

Los estudiantes levantan la mano para hablar por turnos en clase.

4. ● **Resumir** **Describe** dos reglas o leyes y **explica** cómo ayuda cada una a las personas de una comunidad.

....

....

....

....

5. ● **Hechos y opiniones** **Lee** cada enunciado. **Decide** si es un hecho o una opinión. Luego **escribe** "hecho" u "opinión" al lado de cada enunciado.

.... Los pasillos de la escuela son más seguros si todos caminan.

.... Creo que limpiar los escritorios antes de irnos a casa debería ser una regla del salón de clase.

.... Tender tu cama ayuda a que tu cuarto esté ordenado.

6. ❓ **Piensa** en una buena obra que has hecho. **Escribe** qué aprendiste por hacer esa buena obra.

mi Historia: Ideas

....

....

....

■ **¡Para!** Necesito ayuda ....

❚❚ **¡Espera!** Tengo una pregunta ....

▶ **¡Sigue!** Ahora sé ....

Colaboración y creatividad

El conflicto y la cooperación

A veces, cuando las personas no están de acuerdo en algo, hay un conflicto. Un conflicto es un desacuerdo importante. Por ejemplo, puede haber un conflicto cuando los compañeros de clase no se ponen de acuerdo sobre quién usará la computadora primero. Cuando hay un conflicto, es importante buscar una resolución que ayude a todos a llevarse bien. Una resolución es una manera de resolver un conflicto. Para resolver un conflicto, puedes cooperar, es decir, trabajar en conjunto.

Lee los pasos. Luego lee el párrafo para ver cómo se resolvió un conflicto.

Pasos para resolver un conflicto

Paso 1 Identifica el conflicto.

Paso 2 Con calma, di cómo te sientes y escucha a la otra persona.

Paso 3 Coopera para encontrar una resolución. Si es necesario, pide a un adulto que te ayude a buscar una resolución.

Harry y Ann terminaron sus dibujos de animales. Harry quería usar bolitas de algodón para hacer la lana de su oveja. Ann quería usar las mismas bolitas de algodón para hacer las colas de sus conejos. Ambos vieron que había un conflicto. ¿Cómo podrían resolverlo? Hablaron con calma para encontrar una resolución. Ann usó tres bolitas de algodón para las colas de sus conejos. Harry usó el resto de las bolitas de algodón para la lana de su oveja. Harry y Ann cooperaron para buscar una buena manera de solucionar el conflicto.

Resolver conflictos

Paso 1

Paso 2

Paso 3

Objetivo de aprendizaje

Aprenderé a cooperar para buscar la resolución de un conflicto.

Lee el párrafo. Luego **responde** las preguntas.

Aiden y María necesitan usar la computadora del salón de clase. Llegan a la computadora al mismo tiempo. Cuando Aiden toma la silla para sentarse frente a la computadora, María corre para sentarse allí mismo. Aiden y María tienen un conflicto.

1. **Escribe** el conflicto que tienen Aiden y María.

   ....

   ....

   ....

2. **Escribe** qué deben hacer Aiden y María para resolver el conflicto.

   ....

   ....

   ....

   ....

3. **Escribe** una resolución para el conflicto de Aiden y María.

   ....

   ....

   ....

Tomar la iniciativa por nuestros derechos

¡Imagínalo!

Las personas tienen el derecho de decir lo que piensan y sienten, siempre que eso no lastime a otros.

En la actualidad, los ciudadanos tienen muchos derechos y libertades. Pero estos derechos y libertades no fueron fáciles de obtener. A través de la historia, tanto líderes famosos como personas comunes trabajaron mucho para garantizar que todos recibieran el mismo trato.

Susan B. Anthony

Aun después de que la Declaración de Derechos se agregara a la Constitución de los Estados Unidos, las mujeres seguían sin tener los mismos derechos que los hombres. Susan B. Anthony quería cambiar eso. Cuando era joven, iba a reuniones y pronunciaba discursos sobre el trato justo que debían recibir las personas.

En 1848, Elizabeth Cady Stanton, Lucretia Mott y otras mujeres organizaron una **convención**, es decir, una reunión de mucha gente. Querían hablar sobre los derechos de las mujeres. Un grupo grande de personas se reunió en Seneca Falls, Nueva York. Uno de los derechos que querían las mujeres era el derecho al **sufragio**, es decir, el derecho al voto. Fue la primera vez que las mujeres se reunieron en público para exigir este derecho. La Convención de Seneca Falls fue el comienzo del movimiento sufragista.

Tres años después, en 1851, Susan B. Anthony y su amiga Elizabeth Cady Stanton se unieron al movimiento sufragista.

En 1880, Susan B. Anthony habló en una reunión sobre el sufragio, en Chicago, Illinois.

Escribe sobre qué crees que está hablando la estudiante de la fotografía.

DESCIFRA LA PREGUNTA PRINCIPAL

Aprenderé sobre algunas personas que lucharon por los derechos y las libertades de los ciudadanos de nuestro país.

Vocabulario

convención segregar
sufragio   delegado
derechos civiles

En 1869, Susan B. Anthony y Elizabeth Cady Stanton formaron la Asociación Nacional Americana para el Sufragio Femenino. Susan B. Anthony fue presidenta de este grupo durante ocho años.

En 1870, se aprobó la Decimoquinta Enmienda de la Constitución de los Estados Unidos. La enmienda daba a los hombres afroamericanos el derecho al voto. Pero las mujeres todavía no podían votar. En 1872, Anthony votó en las elecciones para presidente de los EE. UU. Esa acción iba en contra de la ley, así que fue arrestada. También debía pagar $100 por violar la ley, pero se negó a hacerlo porque le pareció injusto.

Después de la muerte de Anthony, en 1906, otras mujeres continuaron la lucha. Finalmente, en 1920, la Decimonovena Enmienda se volvió ley. ¡Las mujeres habían conseguido el derecho al voto!

Las mujeres votaron por primera vez en 1920.

1. ◎ **Hechos y opiniones** **Escribe** un hecho sobre Susan B. Anthony.

....

....

....

Thurgood Marshall

Thurgood Marshall trabajó mucho por los derechos civiles. Los **derechos civiles** son los derechos que tienen todos los ciudadanos de ser tratados con igualdad ante la ley. Marshall creía que todos los ciudadanos, no solo algunos, debían tener derechos civiles.

Marshall se crió en Baltimore, Maryland. Muchas veces debatía en casa con su padre y su hermano. Las personas que tienen diferentes puntos de vista a menudo debaten, es decir, tratan de convencer a otros de sus ideas. Marshall siguió debatiendo en la universidad, donde se graduó de abogado. Después, comenzó a debatir en la corte para cambiar las leyes injustas.

Thurgood Marshall

En ese entonces, las leyes **segregaban,** es decir, separaban, a las personas afroamericanas de las personas blancas. Esto ocurría en muchos lugares, como teatros, restaurantes y otros sitios públicos. Además, los afroamericanos y los blancos estaban segregados en las escuelas y en las universidades. Marshall quería terminar con la segregación, sobre todo en las escuelas.

El reverendo afroamericano Oliver Brown quería que su hija Linda fuera a una escuela para niños blancos. La escuela afroamericana quedaba lejos de la casa de los Brown. Para llegar allí, Linda tenía que pasar por un peligroso cruce de ferrocarril. La escuela para blancos estaba cerca de la casa de los Brown, pero las autoridades de la escuela no aceptaban a Linda. Otras familias afroamericanas se unieron en la lucha por los derechos civiles.

El caso de Linda Brown se llevó a la Corte Suprema. Marshall debatió sobre este caso, para tratar de convencer a los jueces de la Corte Suprema de que la segregación escolar era incorrecta. Su habilidad para debatir lo ayudó a ganar el caso. En 1954, los nueve jueces de la Corte Suprema votaron por el fin de la segregación escolar. Este caso de la Corte se conoce como *Brown contra la Junta de Educación.*

Marshall siguió protegiendo los derechos de las personas. En 1967, el presidente Lyndon B. Johnson lo escogió como primer juez afroamericano de la Corte Suprema. Marshall trabajó en la Corte Suprema durante 24 años.

2. Dibuja un cartel que apoye la igualdad de derechos.

3. Una madre y su hija se sientan en las escaleras de la Corte Suprema después de que la segregación se declaró ilegal. **Encierra** en un círculo la parte de la fotografía que muestra un cambio en los derechos civiles.

Nettie Hunt le explica a su hija Nickie el caso Brown contra la Junta de Educación. *El titular del periódico dice:* "La Corte Suprema prohíbe la segregación en las escuelas públicas".

Eleanor Roosevelt

Eleanor Roosevelt trabajó mucho para mejorar la vida de las personas. Roosevelt fue Primera Dama, es decir, la esposa del presidente. Su esposo, Franklin D. Roosevelt, fue presidente de 1933 a 1945. Como Primera Dama, Roosevelt viajó alrededor del mundo para visitar a niños en las escuelas, a personas enfermas en los hospitales, a trabajadores en las minas y hasta a personas que estaban en la cárcel. Le contó a su esposo todo lo que aprendió sobre esas personas. Ella sabía muy bien que todas las personas necesitan derechos humanos básicos.

En 1945, Eleanor Roosevelt tuvo la oportunidad de trabajar como líder de los derechos humanos. Fue nombrada delegada estadounidense de la Organización de las Naciones Unidas (ONU). Un **delegado** es una persona escogida para actuar en nombre de otros. La ONU es un grupo mundial que trabaja por la paz. En la ONU, Roosevelt dirigía un grupo que trabajaba por los derechos humanos. El grupo escribió una declaración de derechos para todas las personas. Esa declaración decía que todas las personas del mundo tenían derechos humanos. Tenían derecho a recibir el mismo trato ante la ley. Tenían derecho a la propiedad, y a irse de su país y luego regresar.

Eleanor Roosevelt visitó a muchos niños.

4. Haz una lista de algunos de los derechos humanos
por los que trabajó Eleanor Roosevelt.

....

....

....

5. ◉ **Hechos y opiniones Lee** cada enunciado. **Decide** si es un hecho o una
opinión. Luego **escribe** "hecho" u "opinión" al lado de cada enunciado.

.... Eleanor Roosevelt trabajó por los derechos humanos.

.... Thurgood Marshall fue el mejor juez de la Corte Suprema.

.... Susan B. Anthony fue la mujer más importante de la historia de los
Estados Unidos.

6. ❓ **Escoge** uno de los líderes sobre los que leíste en
esta lección. **Explica** por qué fue un buen ciudadano
o una buena ciudadana.

mi **Historia: Ideas**

....

....

....

⬛ **¡Para!** Necesito ayuda ....

⏸ **¡Espera!** Tengo una pregunta ....

▶ **¡Sigue!** Ahora sé ....

Hechos y opiniones

Un hecho es algo que se puede comprobar para saber si es verdadero o falso. La oración "George Washington fue el primer presidente de los Estados Unidos" es un hecho. Puede comprobarse con una investigación. La oración "George Washington fue un hombre divertido" es una opinión. Una opinión describe los sentimientos, creencias o ideas de alguien. No podemos comprobar si una opinión es verdadera o falsa.

Lee la carta que Caroline le escribió a su abuela. Luego mira los hechos y las opiniones de la carta en la tabla.

Hola, abuela:

Recibí tu carta. ¿Sabes qué aprendí hoy en la escuela? Leímos sobre algunos líderes. Thurgood Marshall fue el mejor de los líderes. Era abogado. Siempre debatía por buenas razones. Marshall trabajó para acabar con la segregación en las escuelas. También fue el primer juez afroamericano de la Corte Suprema. ¡Tú también deberías leer sobre Thurgood Marshall!

Cariños,
Caroline

Thurgood Marshall

Hechos	Opiniones
• Marshall era abogado. • Trabajó para acabar con la segregación en las escuelas. • Fue el primer juez afroamericano de la Corte Suprema.	• Marshall fue el mejor de todos los líderes. • Siempre debatía por buenas razones. • ¡Tú también deberías leer sobre Thurgood Marshall!

¡Inténtalo!

Lee la carta que escribió la abuela de Caroline. Luego **completa** la tabla con dos hechos y dos opiniones que hay en la carta.

Hola, Caroline:

Estoy de acuerdo contigo. Creo que Thurgood Marshall fue alguien muy especial. Hoy fui a la biblioteca y leí sobre algunos líderes, como Eleanor Roosevelt. Ella también fue una gran líder. Fue la Primera Dama de 1933 a 1945. Su esposo, Franklin Delano Roosevelt, era el presidente en esa época. La señora Roosevelt quería igualdad de derechos para todas las personas. Cuando vengas de visita, creo que la pasaremos muy bien aprendiendo sobre otros líderes.

Con cariño,
Tu abuela

Eleanor Roosevelt

Hechos	Opiniones

Tomar la iniciativa por una causa

¡Imagínalo!

Mira la ilustración. Explica qué está haciendo la niña en el albergue para animales.

En nuestro país y en el mundo entero hay muchas personas que apoyan distintas causas. Una **causa** es algo en lo que las personas creen con firmeza. Algunas personas trabajan por la paz mundial y otras trabajan para proteger la Tierra. Algunos grupos reúnen dinero para investigaciones que buscan hallar una cura para las enfermedades. Las personas y las organizaciones se unen para trabajar por buenas causas.

Mary McLeod Bethune con un grupo de estudiantes

Mary McLeod Bethune

Mary McLeod Bethune quería que las niñas afroamericanas pudieran ir a la escuela. Quería abrir una escuela en Daytona Beach, Florida. Aunque solo tenía $1.50, Bethune no iba a renunciar a esta causa tan importante.

En 1904, Bethune abrió una escuela. Se llamó Instituto Industrial y Normal Daytona. Allí comenzó a enseñar a las niñas afroamericanas a leer y escribir. Usaba cajas viejas como escritorios, quemaba ramas para hacer lápices y aplastaba bayas para hacer tinta. Las niñas también aprendían a cocinar, coser y limpiar. Bethune quería que sus estudiantes fueran buenas ciudadanas, así que también las puso a trabajar en la comunidad.

Aprenderé cómo las personas toman la iniciativa por causas importantes.

Vocabulario

causa   huelga
sindicato   boicot
lema

Algunas personas de la comunidad donaron dinero para la causa de Bethune. En 1923, la escuela de Bethune se unió al Instituto Cookman, una escuela para varones. La escuela nueva se llamó Escuela Bethune-Cookman.

Más adelante, Mary McLeod Bethune creó una organización para mujeres afroamericanas. Esta organización trabajaba para que las mujeres afroamericanas tuvieran mejores viviendas, mejores condiciones de trabajo y, por supuesto, una mejor educación. Bethune trabajó mucho por el éxito de su organización.

En 1936, el presidente Franklin D. Roosevelt pidió a Bethune que dirigiera la Administración Nacional de la Juventud (NYA, por sus siglas en inglés). Este fue un gran honor para Bethune. La NYA ayudaba a los jóvenes a buscar trabajos de medio tiempo, y Bethune los ayudaba a capacitarse para el trabajo.

En la actualidad, la escuela de Bethune sigue funcionando, pero ahora se llama Universidad Bethune-Cookman. Mary McLeod Bethune es un modelo para los estudiantes y para todas las personas que apoyan una buena causa.

1. ⊚ **Hechos y opiniones Subraya** tres hechos sobre Mary McLeod Bethune.

Estudiante de la Administración Nacional de la Juventud

César Chávez

César Chávez sabía que la vida de los trabajadores agrícolas era difícil. De niño, viajó con su familia de granja en granja para trabajar en las cosechas. Les pagaban muy poco y tenían que trabajar muchas horas. Más adelante, Chávez estuvo en el ejército de los Estados Unidos. Después de prestar servicio durante dos años, volvió a trabajar en el campo con otros mexicoamericanos. Pero la vida no había mejorado, así que decidió que su causa sería ayudar a los trabajadores agrícolas a tener una vida mejor.

César Chávez se reúne con trabajadores agrícolas.

Muchos tipos de trabajadores tienen sindicatos. Un **sindicato** es un grupo de trabajadores que se unen. Los trabajadores generalmente quieren un mejor trato y mejores sueldos. Chávez creía que los trabajadores agrícolas necesitaban un sindicato.

En 1962, Chávez creó la Asociación Nacional de Trabajadores Agrícolas (NFWA, por sus siglas en inglés). Ese fue el primer sindicato de trabajadores agrícolas de los Estados Unidos. Chávez fue nombrado presidente de la NFWA. Más adelante, se cambió el nombre de la asociación por Unión de Campesinos (UFW, por sus siglas en inglés). El **lema** o frase del sindicato era "Viva la causa". Chávez convenció a muchas personas de apoyar a los trabajadores agrícolas. Decía que se podían lograr cambios de manera pacífica. Chávez pronunció discursos y dirigió marchas.

Los dueños de las granjas no estaban siendo justos con los trabajadores que recogían las uvas. Les bajaron el sueldo. Chávez quería que todos se enteraran de los problemas que tenían esos trabajadores.

En 1965, dirigió la primera huelga del sindicato. Una **huelga** ocurre cuando los trabajadores dejan de trabajar para que las cosas cambien. Estos trabajadores agrícolas se negaron a cosechar las uvas. Los dueños de las granjas se enojaron porque perdieron dinero.

Chávez comenzó un boicot. Un **boicot** ocurre cuando las personas se niegan a hacer algo por alguna razón. Chávez pidió a los consumidores que dejaran de comprar uvas. Quería que las tiendas también dejaran de vender uvas. Muchas personas, y hasta otros sindicatos de trabajadores, ayudaron en la huelga.

La huelga de los trabajadores agrícolas duró varios años. En 1968, ¡Chávez dejó de comer durante 25 días! Lo hizo para que todos recordaran los problemas de los trabajadores agrícolas. También quería mostrar a los trabajadores cómo se podía trabajar por una causa de manera pacífica.

Finalmente, los dueños de las granjas acordaron aumentar el sueldo de los trabajadores. Los trabajadores volvieron a cosechar las uvas. El conflicto se resolvió de manera pacífica.

Para apoyar el boicot a las uvas, muchas personas usaron prendedores como este, que dice "Boicot a las uvas".

2. **Explica** por qué Chávez quería que las personas apoyaran un boicot a las uvas.

....

....

....

....

César Chávez lidera una huelga de trabajadores en California.

Clara Barton

A mediados del siglo XIX, durante la Guerra Civil, Clara Barton trabajaba como voluntaria. Ayudaba a los soldados a hallar el equipaje perdido y entregaba medicamentos. La Guerra Civil fue una lucha entre los estados del sur y los estados del norte de nuestro país. Barton también cuidaba a los soldados heridos. Muchos la llamaban "el ángel del campo de batalla".

Más adelante, mientras Barton estaba en Europa, estalló una guerra entre Francia y Alemania. Barton trabajó con la Cruz Roja en Europa cuidando a los soldados heridos. Quería llevar la Cruz Roja a los Estados Unidos. El deseo de Barton se hizo realidad en 1881.

En la actualidad, la Cruz Roja Americana sigue trabajando en la causa de Barton al ayudar y cuidar a gente en todo el mundo. Los trabajadores de la Cruz Roja llegan rápidamente para brindar su ayuda después de tormentas, inundaciones y terremotos peligrosos. Proveen alimentos, refugio, agua potable y medicamentos. La Cruz Roja se asegura de que haya un suministro de sangre para las personas que lo necesitan. También ayuda a mantener el contacto entre los soldados del ejército estadounidense que sirven a nuestro país lejos de sus hogares y sus familiares.

Clara Barton

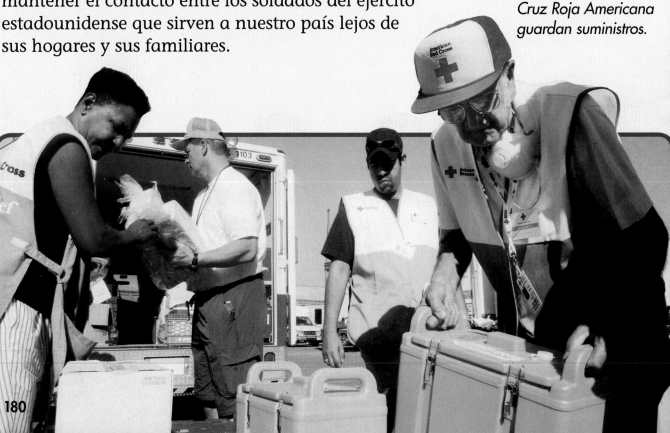

Trabajadores de la Cruz Roja Americana guardan suministros.

3. ⊙ **Idea principal y detalles Escribe** un detalle que apoye la siguiente idea principal: Clara Barton ayudaba a las personas.

....

....

....

4. ⊙ **Hechos y opiniones Lee** cada enunciado sobre César Chávez. **Decide** si es un hecho o una opinión. Luego **escribe** "hecho" u "opinión" al lado de cada enunciado.

.... César Chávez comenzó el primer sindicato para trabajadores agrícolas.

.... César Chávez trabajó para la causa más importante.

5. ❓ **Piensa** en los ejemplos que viste en esta lección de buenos ciudadanos que trabajan juntos. **Escribe** sobre algunas maneras en las que las personas pueden lograr cambios cuando trabajan juntas.

mi **Historia: Ideas**

....

....

....

....

🔲 **¡Para!** Necesito ayuda ....

⏸ **¡Espera!** Tengo una pregunta ....

▶ **¡Sigue!** Ahora sé ....

Repaso y Evaluación

Buenos ciudadanos, buenas obras

1. **Escribe** tres buenas obras que podría hacer un ciudadano en la comunidad.

....

....

....

2. **Completa** la siguiente tabla. **Haz una lista** de dos derechos y dos responsabilidades de los ciudadanos.

Derechos	Responsabilidades

Tomar la iniciativa por nuestros derechos

3. Traza una línea para unir a cada líder con los derechos por los que luchó.

Thurgood Marshall	derecho al voto para las mujeres
Eleanor Roosevelt	igualdad de derechos para todas las personas
Susan B. Anthony	acabar con la segregación en las escuelas

4. ◉ Hechos y opiniones Lee los siguientes enunciados sobre Susan B. Anthony. **Rotula** cada enunciado como hecho u opinión.

.... Susan B. Anthony es alguien a quien todos debemos admirar.

.... Susan B. Anthony trabajó con Elizabeth Cady Stanton.

5. Explica qué tenían en común Susan B. Anthony, Thurgood Marshall y Eleanor Roosevelt.

....

....

....

....

....

....

Lección 3

Tomar la iniciativa por una causa

6. Escribe una oración para describir la causa que apoyaba Mary McLeod Bethune.

....

....

....

....

....

7. Rellena el círculo de la respuesta correcta.

¿Cuál de las siguientes opciones significa que César Chávez quería que las personas dejaran de comprar uvas?

○ Se unió al ejército.

○ Recolectaba uvas cuando era niño.

○ Comenzó un boicot.

○ Creó un sindicato.

8. Explica cómo la Cruz Roja Americana ayuda a las personas después de las inundaciones o tormentas peligrosas.

....

....

....

....

....

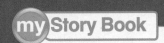
Conéctate en línea para escribir e ilustrar tu **myStory Book** usando **miHistoria: Ideas** de este capítulo.

PREGUNTA PRINCIPAL

¿Cómo puedo participar?

En este capítulo, aprendiste sobre el civismo. Aprendiste distintas maneras de participar en la escuela, en la comunidad y en el país.

Piensa en cómo puedes ayudar a otros en tu comunidad.
Escribe sobre algo que puedes hacer hoy para marcar la diferencia.

....

....

....

....

Ahora **dibuja** algo que podrás hacer cuando crezcas para marcar la diferencia en tu escuela o en tu comunidad.

Mientras estás en línea, dale un vistazo a **myStory Current Events,** donde puedes crear tu propio libro sobre un tema de actualidad.

Una nación en crecimiento

? PREGUNTA PRINCIPAL

¿Cómo cambia la vida a lo largo de la historia?

Mira en la pantalla de la computadora la fotografía de un salón de clase de hace 60 años. **Describe** en qué se parecen y en qué se diferencian ese salón de clase y el tuyo.

....

....

....

....

Benjamin Franklin
Un hombre que cambió la historia

 **mi** Historia: Video

Benjamin Franklin comenzó a trabajar para su hermano en 1718, cuando tenía 12 años de edad. Su hermano tenía una imprenta en Boston, Massachusetts. En la imprenta se imprimía un periódico. El trabajo era difícil, pero a Franklin le gustaba.

Franklin comenzó a escribir artículos que aparecían en el periódico. A la gente le gustaba lo que escribía. Así Franklin aprendió que ser buen escritor es una destreza muy valiosa.

Más adelante, Franklin se mudó a Filadelfia, Pennsylvania, y abrió su propia imprenta. Luego escribió un libro llamado almanaque. Su almanaque contenía cosas útiles para los colonos, como información, consejos e informes sobre el tiempo.

Para Franklin, trabajar por el bien de los demás era una gran satisfacción. Trabajó en muchos proyectos que ayudaban a los habitantes de las colonias norteamericanas.

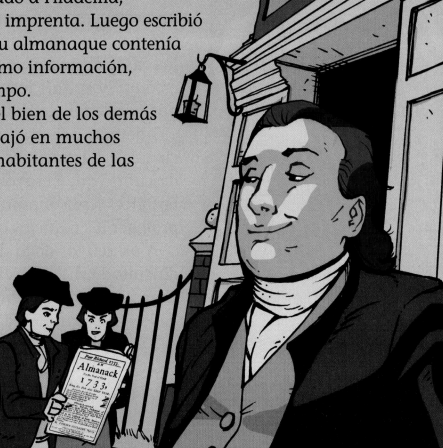

Gracias a su trabajo en una imprenta, Benjamin Franklin aprendió que escribir es una destreza importante.

187

Benjamin Franklin y sus amigos abrieron una biblioteca para compartir libros con otras personas.

La compañía de bomberos de Franklin apagaba incendios en casas, graneros y establos.

Un modo en que Franklin ayudó a los demás fue abriendo una biblioteca pública. En la década de 1730, solo los ricos tenían sus propios libros. Entonces Franklin y otras personas pidieron a 50 amigos que les donaran una pequeña suma de dinero. Con ese dinero, compraron libros. Luego abrieron una biblioteca donde la gente podía pedir libros prestados para leer en su casa. En la actualidad, hay bibliotecas públicas en casi todos los pueblos y ciudades de los Estados Unidos.

Franklin también trabajó en otros proyectos. Creó una compañía de bomberos y una compañía de seguros. La compañía de seguros ayudaba a reparar las casas dañadas por los incendios. Luego Franklin creó un hospital. Todos esos proyectos ayudaron a que Filadelfia cambiara y creciera.

Además, a Franklin le gustaban mucho las ciencias. A principios de la década de 1750, descubrió que el rayo es una forma de electricidad. Entonces, creó el pararrayos como un modo de proteger los edificios durante las tormentas.

A principios de la década de 1780, Franklin tenía dificultad tanto para leer como para ver de lejos. Como solución, inventó los lentes bifocales. Este tipo de lentes permiten ver de cerca y de lejos.

El pararrayos de Franklin hace que el rayo se dirija hacia el suelo, y así los edificios quedan protegidos.

Franklin viajó a Francia. Muchos estaban ansiosos por conocerlo.

Franklin ayudó a escribir la Declaración de Independencia en 1776.

Gracias a sus inventos y a su trabajo por el bien de los demás, Franklin se volvió famoso. Mucha gente quería conocerlo. Se pintaban retratos de él. Muchos le pedían consejo.

Franklin viajó a Gran Bretaña y a Francia. En Gran Bretaña, trató de explicar que los colonos norteamericanos estaban muy enojados con los británicos. Franklin escribió cartas sobre los problemas de las colonias norteamericanas. Pero los británicos no querían cambiar las leyes que a los colonos les parecían injustas.

Finalmente, Franklin se unió con otros líderes de las colonias. Todos estaban de acuerdo en que debían liberarse de Gran Bretaña y escoger a sus propios líderes. Franklin ayudó a escribir la Declaración de Independencia. Más adelante, ayudó a escribir la Constitución de los Estados Unidos.

Durante el siglo XIX, el trabajo de Franklin cambió de muchas maneras la vida en los Estados Unidos. Hoy seguimos viendo sus ideas en funcionamiento.

Piénsalo Según esta historia, ¿en qué cambió Benjamin Franklin la vida en los Estados Unidos? A medida que lees el capítulo, piensa en cómo la ayuda a los demás ha hecho que cambie la vida de las personas a lo largo de la historia.

Nuevas maneras de viajar

Marca con una *X* los tipos de transporte que has usado para ir de un lugar a otro.

¿Cómo vas de un lugar a otro? Probablemente caminas, o vas en carro o en autobús. Hace mucho tiempo, los exploradores y los colonos viajaban en bote y a pie mientras trataban de aprender sobre nuevas tierras.

Viajes por caminos y ríos

Cuando los europeos llegaron a América del Norte en el siglo XVI, no sabían nada sobre esa tierra. Pero los indígenas americanos la conocían bien. Viajaban en bote por los ríos y a pie por los caminos que habían hecho. Los indígenas les mostraron a los europeos dónde encontrar lo que necesitaban. Más adelante, los exploradores que llegaron de España trajeron caballos a América del Norte. Los caballos hicieron que viajar fuera más fácil y más rápido.

A medida que el país fue creciendo, muchos quisieron explorar el Oeste. En 1803, el presidente Thomas Jefferson contrató a Meriwether Lewis y a William Clark para explorar la tierra que estaba al oeste del río Mississippi. Les pidió que reunieran información sobre los indígenas y las tierras del Oeste.

Lewis y Clark viajaron con unos 48 hombres más. Una indígena llamada Sacagawea los ayudó a entender la lengua de los indígenas que encontraron en su camino.

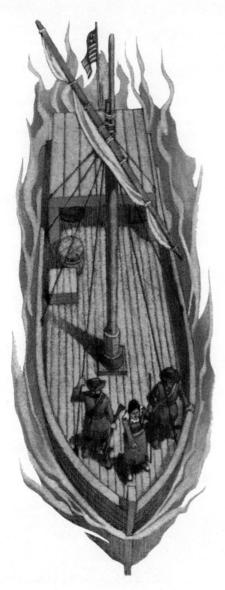

Los botes ayudaron a Lewis y Clark a explorar el Oeste.

Aprenderé cómo ha cambiado la vida de las personas gracias a las nuevas maneras de viajar.

Vocabulario

canal
caravana de carretas
transcontinental
peaje

Lewis y Clark tardaron dos años en terminar su viaje. En el mapa de abajo se muestra a dónde fueron.

Sus historias hicieron que muchas personas quisieran irse a vivir al Oeste. Oían hablar de los enormes espacios abiertos y de la oportunidad de conseguir tierras para cultivar. Gracias a Lewis y Clark, muchas personas viajaron al Oeste y establecieron nuevas comunidades.

1. **Usa** la escala del mapa para **medir** la cantidad aproximada de millas que recorrieron Lewis y Clark en su viaje.

....

....

....

El viaje de Lewis y Clark

Fuerte Vancouver
Ciudad de Oregón
Fuerte Hall
R. Snake
R. North Platte
R. Missouri
R. Colorado
San Francisco
Sacramento
Omaha
Council Bluffs
St. Joseph
Fuerte Kearny
Independence
St. Louis

OCÉANO PACÍFICO

N
O   E
S

0   400 mi
0   400 km

LEYENDA
— Ruta de Lewis y Clark
△ Fuerte
● Ciudad
El mapa muestra las fronteras actuales.

Ríos y canales

A principios del siglo XIX, los ríos eran una vía importante para transportar cosas pesadas. Sin embargo, algunos ríos eran demasiado estrechos o demasiado rápidos para algunos barcos. A veces se construía un canal para permitir que los barcos más grandes pasaran sin riesgos. Un **canal** es una vía de navegación hecha por el hombre.

En 1825, el canal del Erie ayudó a conectar los Grandes Lagos con la Ciudad de Nueva York. Los bienes se transportaban desde lo que hoy son los estados de Wisconsin y Michigan a través de los Grandes Lagos. De allí, se llevaban por el canal del Erie por el río Hudson hasta la Ciudad de Nueva York. En poco tiempo, la Ciudad de Nueva York llegó a ser un puerto muy importante. Un puerto es un pueblo o una ciudad que tiene un lugar para que atraquen los barcos.

El canal del Erie mejoró el transporte de personas y bienes.

Caravanas de carretas

Otra forma de transporte de principios del siglo XIX era la carreta. Muchas personas viajaban al Oeste en caravanas de carretas. Una **caravana de carretas** es un grupo de carretas que viajan juntas por seguridad.

Para facilitar el viaje al Oeste, el Congreso mandó a construir la Carretera Nacional. Muchas familias iniciaban su viaje en esa carretera pavimentada, que iba desde Maryland hasta Illinois. Cuando terminaba la Carretera Nacional, seguían por el Camino de Oregón, que partía de Independence, Missouri, y llegaba hasta Oregón.

El viaje hasta Oregón tardaba unos seis meses. Los viajeros debían enfrentarse a duras condiciones del tiempo, a enfermedades y a montañas empinadas. Aunque más de 12,000 personas viajaron hacia el Oeste en la década de 1840, se necesitaba una manera de viajar más rápida y segura.

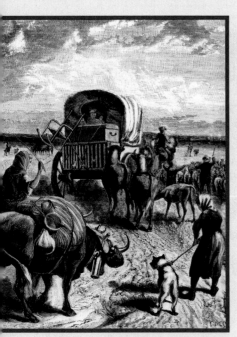

La gente viajaba a pie o en carreta en busca de una vida mejor en el Oeste.

2. **Subraya** la oración que explica por qué era tan difícil el viaje al Oeste.

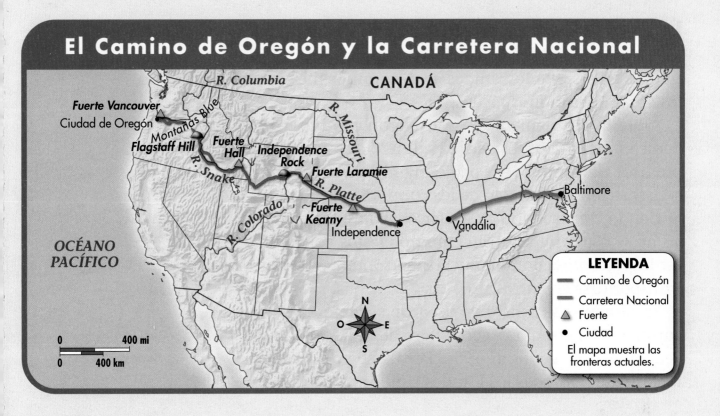

El Camino de Oregón y la Carretera Nacional

R. Columbia

CANADÁ

Fuerte Vancouver
Ciudad de Oregón

Montañas Blue

R. Missouri

Flagstaff Hill

Fuerte Hall

Independence Rock

Fuerte Laramie

R. Snake

R. Platte

R. Colorado

Fuerte Kearny

Independence

Vandalia

Baltimore

OCÉANO PACÍFICO

LEYENDA
━━ Camino de Oregón
━━ Carretera Nacional
△ Fuerte
● Ciudad
El mapa muestra las fronteras actuales.

0   400 mi
0   400 km

N O E S

Los ferrocarriles cruzan el país

La primera locomotora de vapor se construyó en 1804. Era un tren que funcionaba con un motor de vapor. Durante los siguientes diez años, se hicieron mejoras en las locomotoras. Se volvieron potentes y atravesaron distancias más largas. Entonces se planeó la construcción de vías de ferrocarril.

En 1863, dos compañías comenzaron a construir una ruta de ferrocarril a través de los Estados Unidos. Una compañía comenzó en el Este y la otra, en el Oeste. El 10 de mayo de 1869, las dos rutas se encontraron en Promontory, Utah. El nuevo ferrocarril se llamó ferrocarril transcontinental. **Transcontinental** significa "que atraviesa el continente".

Los ferrocarriles fueron un gran avance en comparación con los lentos canales fluviales y los caminos fangosos y angostos. Con el ferrocarril, se podía viajar con rapidez y seguridad de Omaha, Nebraska, a Sacramento, California.

Un remache de oro unió las rutas del ferrocarril del Este y del Oeste.

3. Subraya la oración que indica dónde empezaba y dónde terminaba el ferrocarril transcontinental.

Las carreteras cruzan la nación

Durante el siglo XIX se construyeron muchos caminos nuevos en los Estados Unidos. Esos caminos hicieron que los viajes fueran más fáciles.

Algunos terratenientes construyeron caminos con peaje en sus tierras. El **peaje** es dinero que se paga por usar un camino. Los peajes ayudaron a pagar la construcción y el arreglo de los caminos.

Con la construcción de los ferrocarriles, los caminos ya no se usaban tanto. Sin embargo, estos volvieron a ser importantes cuando muchas personas comenzaron a transportarse en carros.

Finalmente, se construyó un gran sistema de carreteras en el siglo XX con dinero de la Ley de Ayuda Federal de Carreteras de 1956. Por fin se podía viajar fácilmente por todos los Estados Unidos.

Aviones

El transporte siguió mejorando durante los primeros años del siglo XX. Dos hermanos, Orville y Wilbur Wright, comenzaron a construir aviones. El 17 de diciembre de 1903, hicieron volar su primer avión. Estuvo en el aire durante 12 segundos. De un momento a otro, ¡las personas ya podían volar!

Los hermanos Wright siguieron mejorando su diseño. La idea de viajar por avión se popularizó.

Con los años, los aviones se volvieron más grandes y potentes. En la actualidad, los jets llevan personas y objetos por todo el mundo. Un viaje a través del país, que en una época duraba meses, ahora dura menos de seis horas.

El primer vuelo exitoso de los hermanos Wright tuvo lugar en Kitty Hawk, Carolina del Norte.

4. ⊙ **Sacar conclusiones Explica** cómo cambió la manera de viajar en el siglo XX.

....

....

5. ⊙ **Sacar conclusiones Lee** cada enunciado. Luego **escribe** una conclusión que puedas sacar acerca de cada enunciado.

Las caravanas de carretas ayudaron a que la gente viajara con seguridad.

....

....

Los ferrocarriles fueron un gran avance en comparación con los caminos fangosos.

....

....

Las carreteras ayudaron a las personas a viajar por todos los Estados Unidos.

....

....

6. ❓ **Explica** por qué las caravanas de carretas eran la mejor manera de atravesar el país en el siglo XIX.

mi Historia: Ideas

....

....

....

⬜ **¡Para!** Necesito ayuda ....

⏸ **¡Espera!** Tengo una pregunta ....

▶ **¡Sigue!** Ahora sé ....

Fuentes primarias y secundarias

Las fuentes primarias son documentos, como fotografías, pinturas y mapas, o ciertos artefactos de la época en la que ocurrió un suceso. Las fuentes primarias fueron escritas o usadas por alguien que vio un suceso o vivió durante la época en la que ocurrió. A veces, a esa persona se la llama "testigo presencial".

Las fuentes primarias de esta página provienen del viaje de Lewis y Clark. La brújula los ayudó a encontrar el camino. La anotación de diario fue escrita por John Ordway, que viajaba con Lewis y Clark.

Mira la anotación de diario y lee la leyenda de la ilustración. Mientras lees, piensa en quién escribió la anotación y por qué. También piensa en qué te dice acerca del pasado.

Las brújulas y otros artefactos pueden ser fuentes primarias.

> one of the hunters...killed a panther on an island. It was 7 1/2 feet in length. it differs from these in the States. it is of a redish brown. and the first we have killed. passed very rapid water we have to double man the canoes and drag them over the Sholes and rapid places. we have to be in the water half of our time.
>
> *August 3. 1805. John Ordway*

¿Qué dice el diario de Ordway sobre el viaje de Lewis y Clark? ¿Qué vio? ¿En qué se diferencian las palabras y la puntuación del diario de la manera en la que escribimos en la actualidad?

Los diarios también son fuentes primarias. Esta anotación de diario dice: "uno de los cazadores... cazó una pantera en una isla. Medía 7 1/2 pies de largo. es diferente de las panteras de los Estados porque esta es de color rojizo. y es la primera que matamos. navegamos por aguas muy rápidas y tenemos que hacer el doble de esfuerzo y arrastrar las canoas en las orillas y en los lugares rápidos. tenemos que estar en el agua la mitad del tiempo. 3 de agosto. 1805. John Ordway".

Objetivo de aprendizaje

Aprenderé las diferencias entre las fuentes primarias y las secundarias.

197

Este pasaje de un libro de texto también habla sobre el viaje de Lewis y Clark. Pero lo escribió alguien que supo del viaje leyendo lo que escribieron otras personas. El libro es una fuente secundaria. En las fuentes secundarias, el autor no vio ni vivió los sucesos que describe.

Este libro es una fuente secundaria.

Los miembros de la expedición de Lewis y Clark enfrentaron muchos peligros. Los exploradores siguieron ríos que muchas veces eran muy angostos o muy rápidos.

A su regreso, trajeron ejemplos de plantas y animales que encontraron para mostrar a los demás lo que habían encontrado en el Oeste.

¡Inténtalo!

1. **Describe** la diferencia entre la entrada del diario y el pasaje del libro de texto.

....

....

....

....

2. **Usa** Internet para buscar más información sobre el viaje de Lewis y Clark. **Describe** la información que encuentras y **di** si proviene de una fuente primaria o secundaria.

....

....

Un nuevo hogar en los Estados Unidos

Haz una lista con las cosas que llevarías en tu bolso si te mudaras a una casa nueva.

En los Estados Unidos había muchos empleos disponibles.

Las personas se mudan a un lugar nuevo por distintas razones. Algunas necesitan encontrar trabajo. Algunas quieren libertad o un lugar seguro donde vivir. Algunas esperan ganar más dinero. Otras se mudan para estar más cerca de su familia.

La promesa de América del Norte

Las personas que se van de un país y se instalan en otro se llaman **inmigrantes.** Los inmigrantes comenzaron a llegar a América del Norte hace cientos de años, con la idea de comenzar una vida nueva.

Algunos de los primeros inmigrantes venían de España, Francia e Inglaterra. Durante los siglos XVII y XVIII, cruzaron el océano Atlántico para llegar a América del Norte. Se instalaron en el Sureste, el Noreste y hasta bien al norte, en el Canadá.

En 1783, los Estados Unidos se liberaron de Gran Bretaña. En ese entonces, la nación estaba formada por 13 estados, todos ubicados en el Este.

El Oeste era un enorme territorio con muchos ríos y montañas. El suelo era rico para cultivar y se podía encontrar oro en los arroyos y en las rocas. Al buscar oro, a veces se hallaban otros minerales, como plata. La gente encontraba muchas maneras de ganar dinero en el Oeste.

Vocabulario

inmigrante   fiebre del oro

región   exclusión

fronteriza

finca

A mediados del siglo XIX, miles de inmigrantes de Europa y Asia llegaron a los Estados Unidos. La mayoría de ellos se instalaron en las ciudades de las costas este y oeste, donde había mucho trabajo y lugares donde vivir. Otros inmigrantes compraron o alquilaron tierras para cultivar.

Desde la llegada de los primeros europeos a América del Norte, los inmigrantes han tenido grandes esperanzas sobre su nuevo hogar. Sus destrezas y energía han hecho que el país sea aun más grande.

Cierto inmigrante llamado John Roebling llegó a los Estados Unidos desde Alemania en 1831. Roebling construyó muchos puentes. Uno de los más conocidos es el puente de Brooklyn, ubicado en la Ciudad de Nueva York.

La mayoría de los inmigrantes europeos cruzaron en barco el océano Atlántico y llegaron a la bahía de Nueva York. Una de las primeras cosas que veían era la Estatua de la Libertad. Esta misma estatua sigue dando la bienvenida a los inmigrantes actuales.

La Estatua de la Libertad sostiene una antorcha para dar la bienvenida a las personas que llegan a los Estados Unidos.

1. Causa y efecto **Escribe** dos causas por las que los inmigrantes se establecieron en el Oeste.

....

....

....

Hacia el Oeste

A medida que llegaban más inmigrantes y las ciudades se llenaban de gente, muchos buscaron más tierras en la región fronteriza estadounidense. Una **región fronteriza** es una región que forma el límite de una zona poblada. Los pobladores cruzaban montañas empinadas y ríos anchos. La búsqueda de más tierras era peligrosa. Un explorador llamado Daniel Boone ayudó a que la búsqueda fuera más fácil.

Durante muchos años, los indígenas americanos habían usado el camino del paso de Cumberland. Ese camino atravesaba las montañas de Cumberland. En el mapa de abajo se ve el paso de Cumberland tal como es en la actualidad.

En 1775, Boone trabajó con 28 hombres para ensanchar el paso de Cumberland y agregar caminos nuevos. Ese nuevo camino se llamó Camino Wilderness. Por fin las carretas podían atravesar las montañas. Como resultado, miles de pobladores y exploradores viajaron en dirección oeste, más allá de los montes Apalaches. En 1805, Zebulon Pike exploró el río Mississippi. En 1813, Davy Crockett comenzó a explorar el territorio que hoy corresponde a Tennessee.

Daniel Boone ayudó a los nuevos pobladores a viajar a la región fronteriza estadounidense.

2. **Mira** el mapa. **Encierra** en un círculo los tres estados que se juntan en el camino del paso de Cumberland.

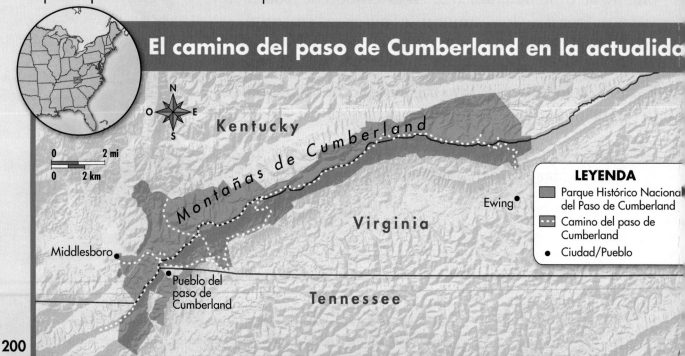

El camino del paso de Cumberland en la actualida

Kentucky

Montañas de Cumberland

0   2 mi
0   2 km

Ewing

Virginia

Middlesboro

Pueblo del paso de Cumberland

Tennessee

LEYENDA
- ▬ Parque Histórico Nacional del Paso de Cumberland
- ⋯ Camino del paso de Cumberland
- • Ciudad/Pueblo

La Ley de Fincas

El número de personas que se mudaron al Oeste creció a partir de 1862. En ese año, el gobierno de los Estados Unidos aprobó la Ley de Fincas. Una **finca** es una porción de tierra que incluye una casa y otras construcciones.

La Ley de Fincas hizo posible que muchos estadounidenses obtuvieran 160 acres de tierra por muy poco dinero. La ley ayudó a poblar el territorio del Oeste. También ayudó a que se agregaran nuevos estados al país.

Para ser un nuevo colono, la persona tenía que comprometerse a construir una casa y vivir en esa tierra durante cinco años. Después de eso, la tierra pasaba a ser propiedad de esa persona. Miles de familias viajaron en dirección oeste en busca de un nuevo hogar. Hacia principios del siglo xx, había 600,000 nuevos colonos en el Oeste.

Muchos de los nuevos colonos eran inmigrantes. Otros habían sido esclavos en el Sur. Al mudarse al Oeste, los nuevos colonos empezaban una vida nueva: podían cultivar la tierra y criar animales para alimentar a su familia. Podían crear comunidades nuevas y disfrutar de su libertad.

Sin embargo, la vida de los nuevos colonos del Oeste era difícil. Tenían que construir las casas con los materiales que encontraban. Llevaban el agua en cubetas. Tenían que producir todos sus alimentos. Los vecinos estaban lejos unos de otros, así que era difícil conseguir ayuda. Muchos regresaron a sus casas porque la vida en la región fronteriza era demasiado dura.

Las familias podían comprar tierra para empezar una vida nueva en el Oeste.

3. ⦿ **Sacar conclusiones** **Escribe** un detalle que apoye la conclusión de que la vida era difícil para los nuevos colonos.

....

....

....

Los inmigrantes de Asia

En 1848, se descubrió oro en California. Durante la **fiebre del oro**, miles de personas vinieron de todo el mundo en busca de oro.

Muchos inmigrantes llegaron de China durante la fiebre del oro. Al principio, fueron bien recibidos. Pero con el tiempo, algunos estadounidenses pensaron que los inmigrantes chinos estaban ocupando demasiados puestos de trabajo. En 1882, el gobierno de los Estados Unidos aprobó la Ley de Exclusión China. **Exclusión** significa "la acción de mantener a alguien fuera de un lugar". Esa ley impidió la entrada de inmigrantes chinos durante diez años.

En la década de 1880, Japón comenzó a permitir la salida de trabajadores hacia los Estados Unidos. Muchos inmigrantes japoneses llegaron a vivir a California y Hawái, que todavía no era un estado. La mayoría trabajaba en granjas o pescaba. Algunos tenían empresas pequeñas. Sin embargo, los inmigrantes japoneses enfrentaron algunos de los mismos problemas que los chinos.

Los inmigrantes chinos necesitaban documentos especiales para trabajar en los Estados Unidos.

4. **Mira** el mapa. **Encierra** en un círculo el nombre del océano que cruzaron los inmigrantes japoneses y chinos para llegar a los Estados Unidos.

Inmigración desde China y Japón, 1848–1900

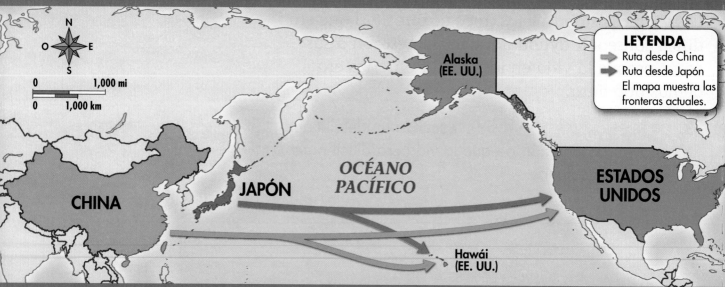

CHINA

JAPÓN

OCÉANO PACÍFICO

Alaska (EE. UU.)

ESTADOS UNIDOS

Hawái (EE. UU.)

LEYENDA
→ Ruta desde China
→ Ruta desde Japón
El mapa muestra las fronteras actuales.

0 — 1,000 mi
0 — 1,000 km

5. ◎ **Sacar conclusiones Usa** lo que aprendiste para sacar una conclusión sobre cómo cada uno de estos ejemplos tuvo un efecto en los inmigrantes que venían a los Estados Unidos.

Camino Wilderness: ....

....

Ley de Fincas de 1862: ....

....

Fiebre del oro: ....

....

Ley de Exclusión China de 1882: ....

....

6. ❓ **Describe** cómo crees que era cruzar el océano Atlántico en barco en el siglo XIX.

mi Historia: Ideas

....

....

....

....

◻ **¡Para!** Necesito ayuda ....

⏸ **¡Espera!** Tengo una pregunta ....

▶ **¡Sigue!** Ahora sé ....

Nuevas maneras de comunicarse

¡Imagínalo!

Siglo XIX

Encierra en un círculo los objetos de cada imagen que ayudan a las personas a comunicarse.

El Pony Express prometía llevar el correo con rapidez y sin riesgo por todos los Estados Unidos.

¿Cómo aprendemos sobre el mundo que nos rodea? Lo que hacemos es mirar y escuchar. También usamos aparatos, como teléfonos, radios, televisores y computadoras. Estos aparatos nos permiten comunicarnos. **Comunicarse** quiere decir pasar pensamientos o información a otras personas.

El Pony Express

A principios del siglo XIX, la única manera de atravesar el país era a caballo o en carreta. Enviar cartas tardaba desde días hasta semanas.

Como el país crecía, el servicio de correos tuvo que mejorar. En 1860, un grupo de personas inauguró el Pony Express. El Pony Express era un sistema de correos que llevaba cartas entre St. Joseph, Missouri, y Sacramento, California. En el mapa se ve la ruta que recorría el correo.

Jóvenes a caballo recorrían entre 75 y 100 millas llevando las bolsas del correo. Los jinetes cambiaban de caballo cada diez millas en estaciones de relevo.

Cuando terminaba su parte del viaje, el jinete esperaba en la última estación a que otro jinete llegara desde la dirección contraria. Entonces tomaba la bolsa de ese jinete y regresaba a casa.

Década de 1950

DESCIFRA LA PREGUNTA PRINCIPAL

Aprenderé las distintas maneras en las que las personas se han comunicado a lo largo de la historia.

Vocabulario

comunicarse   telégrafo

invento   tecnología

patente

Los jinetes del Pony Express cabalgaban bajo lluvias y nevadas intensas. Debían mantenerse alejados de los indígenas americanos, que no los querían en su tierra.

El Pony Express mejoró la comunicación entre las personas. El correo ya podía llegar a la costa oeste en tan solo diez días. El Pony Express duró apenas 18 meses porque surgieron otros sistemas de comunicación más rápidos y sencillos.

1. **Mira** el mapa. **Encierra** en un círculo los lugares donde los jinetes del Pony Express pueden haberse detenido para cambiar de caballo.

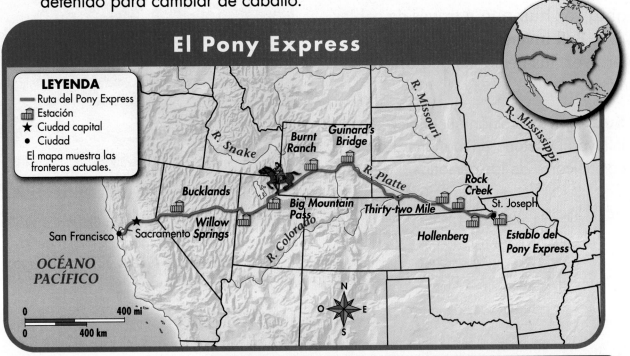

El Pony Express

LEYENDA
— Ruta del Pony Express
🏛 Estación
★ Ciudad capital
• Ciudad
El mapa muestra las fronteras actuales.

R. Snake
Burnt Ranch
Guinard's Bridge
R. Missouri
R. Mississippi
R. Platte
Rock Creek
Bucklands
Big Mountain Pass
Thirty-two Mile
St. Joseph
San Francisco
Sacramento
Willow Springs
R. Colorado
Hollenberg
Establo del Pony Express

OCÉANO PACÍFICO

0   400 mi
0   400 km

N O E S

El telégrafo y el teléfono

Los inventos también mejoraron la comunicación. Un **invento** es algo que se hace por primera vez. Para proteger un invento, hay que obtener una patente. Una **patente** da a una persona el derecho de ser la única que puede fabricar o vender un invento.

En 1832, Samuel Morse comenzó a desarrollar un telégrafo. Un **telégrafo** es una máquina que envía y recibe señales por medio de un cable delgado. Seis años después, Morse inventó un código especial al que llamó código Morse. En el código Morse, se usan puntos y rayas para representar las letras y los números. Con el código Morse, los telégrafos enviaban mensajes casi al instante.

En 1844, se envió el primer mensaje de telégrafo entre dos ciudades. Sin embargo, no fue sino hasta 1854 que Morse recibió una patente por su invento.

A Alexander Graham Bell, un inventor nacido en Escocia, le gustó el telégrafo. Sin embargo, se preguntaba si él lograría enviar la voz humana a través de cables. En 1876, Bell inventó el teléfono. Por primera vez, las personas podían hablar sin verse.

2. **Subraya** la oración que indica cómo influyó el teléfono en la manera de comunicarse de las personas.

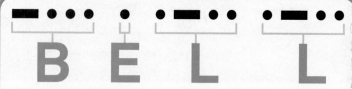

Este es el apellido de Alexander Graham Bell escrito en código Morse.

Alexander Graham Bell hace su primera llamada telefónica de la Ciudad de Nueva York a Chicago, Illinois.

La radio y la televisión

El telégrafo y el teléfono ayudaron a la gente a comunicarse a través de largas distancias. Pero esos inventos funcionaban con cables que se extendían entre edificios o ciudades. En 1896, el inventor italiano Guglielmo Marconi encontró una manera de enviar mensajes sin usar cables.

Marconi patentó una manera de hacer que las señales de radio viajen por el aire. La gente ya podía enviar y recibir mensajes sin cables de telégrafo.

En 1901, Marconi recibió el primer mensaje de radio enviado a través del océano Atlántico. De la noche a la mañana, las personas de todo el mundo podían comunicarse al instante.

Muchos inventos fueron la creación de una sola persona. En otros, participaron varias personas. La televisión es uno de esos inventos. La idea de la televisión se basa en los trabajos de Morse, Bell, Marconi y muchos otros científicos. Cada uno creó partes del nuevo invento.

Aunque los televisores actuales son el resultado de muchos años de creación, la mayor parte del trabajo se hizo entre los años de 1920 y 1940. En 1939, se presentó la televisión ante un gran público en la Feria Mundial de Nueva York. A fines de la década de 1940, muchos estadounidenses ya tenían su propio televisor. Esos televisores transmitían imágenes en blanco y negro. Desde entonces, muchos científicos han perfeccionado la televisión.

En la actualidad, en casi todos los hogares de los Estados Unidos hay por lo menos un televisor. Además, se puede ver televisión por computadora o en otros aparatos de comunicación.

3. ⊙ **Secuencia** **Mira** las fotografías de los aparatos de comunicación. **Numéralos** del 1 al 4 en el orden en el que se inventaron.

Aparatos de comunicación

☐ Radio

☐ Teléfono

☐ Televisión

☐ Telégrafo

La comunicación en la actualidad

Durante los últimos 20 años, la comunicación ha cambiado aún más. Muchos teléfonos ya no tienen cables. Ahora hay satélites que envían y reciben señales para radios, televisores, teléfonos celulares y computadoras con gran rapidez.

La tecnología informática también ha mejorado la comunicación. La **tecnología** es el conocimiento científico sobre cómo funcionan las cosas. La gente escribe mensajes de correo electrónico que recorren el mundo en segundos. También envía fotos y videos mediante teléfonos celulares y computadoras. En el futuro, probablemente habrá muchas maneras más de comunicarse rápidamente.

4. ◎ **Sacar conclusiones** **Escribe** un detalle que apoye la conclusión de que la comunicación ha cambiado durante los últimos 20 años.

....

....

Los satélites envían y reciben señales para que la comunicación sea más rápida.

5. ⊙ **Sacar conclusiones Escribe** una conclusión que puedas sacar sobre la manera en la que cada tipo de comunicación ha cambiado el modo de vida de la gente.

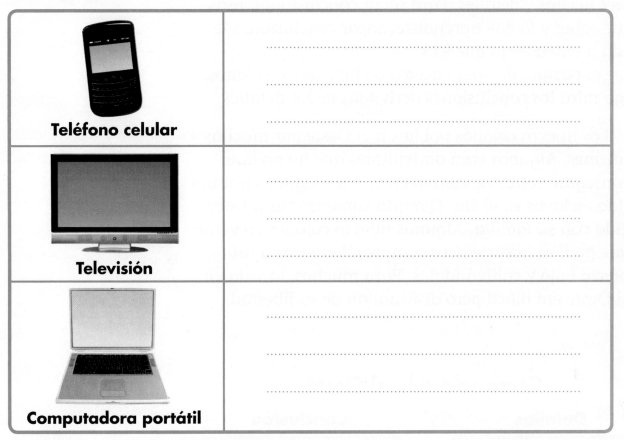

Teléfono celular	
Televisión	
Computadora portátil	

6. ❓ **Describe** cómo se comunicaban las personas antes de que se inventara el teléfono y cómo el teléfono facilitó la comunicación.

mi Historia: Ideas

⬜ **¡Para!** Necesito ayuda ....

⏸ **¡Espera!** Tengo una pregunta ....

▶ **¡Sigue!** Ahora sé ....

Sacar conclusiones

Una conclusión es una decisión que tomas después de leer hechos y detalles. Para sacar conclusiones, usas lo que sabes y lo que aprendiste. Sacar conclusiones te ayuda a entender lo que lees.

Lee el párrafo de abajo acerca de los nuevos colonos. Luego mira las conclusiones derivadas de los detalles.

Los nuevos colonos poblaron el Oeste por muchas razones. Algunos eran agricultores que no podían conseguir tierras de cultivo en el Este. Algunos habían sido esclavos en el Sur. Querían comenzar una nueva vida con su familia. Algunos nuevos colonos creyeron que podían hacerse ricos comprando tierras a un precio bajo y cultivándolas. Para muchos, la vida en el Oeste era difícil pero disfrutaban de su libertad.

Cómo se pobló el Oeste

Detalles

Conclusión

1. Los agricultores no tenían tierras en el Este.
2. Los que habían sido esclavos querían empezar una vida nueva.
3. Algunos querían volverse ricos.

Quienes se convirtieron en nuevos colonos del Oeste lo hicieron porque querían una vida mejor.

Los nuevos colonos tenían la esperanza de una vida mejor.

¡Inténtalo!

Lee el pasaje acerca del Pony Express. Luego **responde** la pregunta.

Un jinete del Pony Express en camino para entregar el correo.

El Pony Express se creó durante la Guerra Civil para ayudar a las personas a enterarse lo que estaba pasando en todo el país. Antes del Pony Express, el correo se llevaba en diligencia y en barco.

Los jinetes del Pony Express arriesgaban la vida para llevar el correo. Iban a toda velocidad y no descansaban con frecuencia.

La entrega de correo era mucho más rápida con el Pony Express, pero no era lo suficientemente segura ni rápida. El Pony Express dejó de funcionar cuando se inventó el telégrafo.

Completa la tabla con dos detalles más acerca de los jinetes del Pony Express. Luego **completa** el diagrama con una conclusión que puedas sacar a partir de los detalles.

Los jinetes del Pony Express

Detalles	Conclusión
1. Los jinetes arriesgaban la vida. 2. .... 3.	

Nuevas ideas

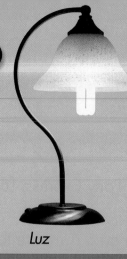

¡Imagínalo!

Luz

Lavadora

Encierra en un círculo los inventos que te ayudan en la limpieza.

Mary McLeod Bethune ayudó a las niñas afroamericanas a recibir educación.

A lo largo de la historia, las nuevas ideas han cambiado la vida de las personas. Algunos tipos de ideas llevan a fabricar cosas nuevas, como los carros. Otras ideas llevan a crear nuevas formas de vivir. Los dos tipos de ideas pueden cambiar el modo en el que viven las personas.

A fines del siglo xix y a principios del xx, más personas comenzaron a trabajar por la igualdad de derechos en los Estados Unidos. Cuando hay **igualdad de derechos,** cada persona tiene los mismos derechos que las demás.

Las mujeres querían el derecho a votar. Los afroamericanos querían que sus hijos tuvieran derecho de ir a las mismas escuelas que los niños blancos. Los trabajadores querían reglas que los protegieran. Muchos estadounidenses trabajaron para que esas ideas llegaran a ser leyes.

La educación y los inventos

A principios del siglo xx, muchas escuelas estaban segregadas. Los estudiantes blancos y los afroamericanos iban a escuelas distintas. En algunos lugares, ni siquiera había escuelas para los niños afroamericanos.

Algunas personas pensaban que eso estaba mal. Querían que todos los niños tuvieran la misma educación. En 1904, Mary McLeod Bethune abrió una escuela para niñas afroamericanas en la Florida.

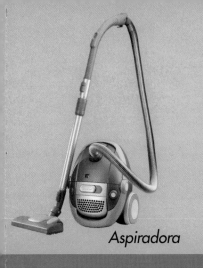
Aspiradora

Refrigerador

Aprenderé cómo las nuevas ideas y las máquinas cambiaron la vida de las personas a lo largo de la historia.

Vocabulario

igualdad de derechos

línea de montaje

vacuna

activista

En 1954, la Corte Suprema de los Estados Unidos decidió que la segregación en las escuelas iba en contra de la ley. Por fin todos los niños podían tener la misma educación.

En el siglo XX, la vida de los estadounidenses también cambió en muchos aspectos. Un gran cambio se produjo por la invención del primer foco práctico, o útil. En 1879, Thomas Edison había inventado un foco barato y confiable. Daba luz sin necesidad de encender el fuego o una vela.

Pasaron muchos años para que se colocaran cables eléctricos y se construyeran centrales eléctricas. Sin embargo, hacia el siglo XX, las fábricas y las oficinas ya podían seguir funcionando de noche. Además, la gente podía caminar sin riesgos en calles bien iluminadas.

Los inventos siguen cambiando la vida de la gente en la actualidad. Las cámaras y las computadoras han cambiado el modo de comunicarse, hacer compras y reunir información acerca del mundo.

Una cámara de 2010

Una cámara de principios del siglo XX

1. ◉ **Idea principal y detalles** **Subraya** tres maneras en las que la vida de las personas cambió en el siglo XX.

Máquinas nuevas para trabajar

En 1831, Cyrus Hall McCormick, cuyos padres eran de Escocia e Irlanda, inventó una máquina que cortaba granos. Se llamó segadora. Antes, la gente cortaba la cosecha a mano. La segadora sirvió para que la cosecha de granos fuera más rápida y fácil. En la actualidad, las máquinas ayudan a los granjeros a arar la tierra y a sembrar y cosechar los cultivos.

Uno de los inventos más importantes de fines del siglo XIX fue el automóvil, o carro. En 1903, Henry Ford abrió una empresa que construía y vendía carros. En esa época, a la mayoría de las personas no les alcanzaba el dinero para comprar un carro.

Ford quería construir un carro que todos pudieran comprar. Buscó una manera de ahorrar tiempo y dinero en la fabricación de carros. Pensó en cada una de las cosas que un trabajador tenía que saber para construir un carro.

Eso lo llevó a inventar la línea de montaje. En una **línea de montaje,** cada trabajador hace solo una parte del trabajo. La idea de la línea de montaje de Ford se usó en las fábricas de todo el mundo.

Las líneas de montaje le sirvieron a Ford para hacer un carro llamado Modelo T. El Modelo T costaba menos que otros carros. Finalmente, el carro estaba al alcance de millones de personas.

2. **Subraya** la oración que muestra que muchas fábricas decidieron usar la idea de la línea de montaje de Ford.

Henry Ford maneja su carro, el Modelo T.

Nuevas ideas en medicina

En el siglo XVIII, una enfermedad llamada viruela mató a millones de personas. Nadie sabía su causa y tampoco tenía cura.

En 1796, Edward Jenner encontró una manera de proteger a las personas de esa terrible enfermedad. Les dio una vacuna hecha con un virus muy débil. Una **vacuna** ayuda al cuerpo a pelear contra la enfermedad. La vacuna de Jenner ayudó a las personas a combatir la viruela.

La polio era otra enfermedad terrible. En la década de 1950, un médico estadounidense judío llamado Jonas Salk usó las ideas de Jenner para inventar una vacuna contra la polio. Salk les dio a sus pacientes una forma muerta del virus de la polio. La vacuna de Salk hacía que el organismo de la persona aprendiera a pelear contra el virus de la polio. La vacuna salvó muchas vidas.

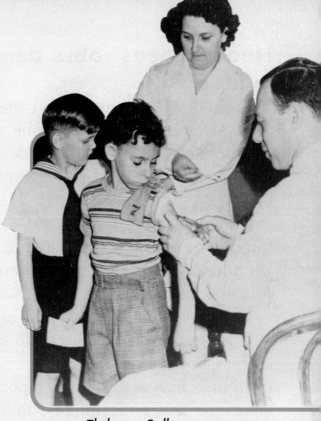

El doctor Salk vacuna a un niño contra la polio en 1954.

Louis Pasteur descubrió que los gérmenes son la causa de muchas enfermedades. Pasteur pensaba que la gente no se enfermaría si los gérmenes no entraban a su organismo. En la década de 1860, Pasteur inventó una manera de matar los gérmenes calentando los alimentos y enfriándolos rápidamente. Ese proceso se llama pasteurización. En la actualidad, la mayoría de la leche que tomamos está pasteurizada.

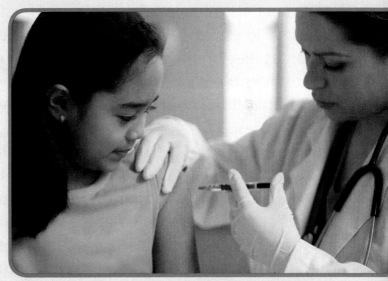

En la actualidad, hay muchas vacunas que nos ayudan a estar sanos.

3. ◉ Idea principal y detalles **Escribe** cómo ayuda una vacuna a que las personas se mantengan sanas.

....

....

Nuevas ideas sobre derechos humanos

Antes de 1861, año en que comenzó la Guerra Civil de los Estados Unidos, había muchos esclavos afroamericanos en el Sur. Una de las razones por las que comenzó la Guerra Civil fue que muchas personas estaban en contra de la esclavitud.

Antes y después de la guerra, los activistas trabajaron para obtener la libertad de los esclavos. Un **activista** es alguien que trabaja duro para producir un cambio.

Frederick Douglass escapó de la esclavitud en 1838. Aunque la ley no permitía que los esclavos aprendieran a leer, Douglass aprendió a leer y a escribir. Pronto se hizo famoso por hablar en contra de la esclavitud. Douglass, además, imprimió su propio periódico para difundir la idea de que los afroamericanos debían ser libres.

Frederick Douglass

Otra activista fue Harriet Tubman. Harriet escapó de la esclavitud en 1849. Durante los siguientes diez años, volvió una y otra vez al Sur para ayudar a otros esclavos a escapar. Hacia 1860, había liberado a más de 300 esclavos. Harriet arriesgó su propia libertad y su vida para ayudar a otros a escapar de la esclavitud.

Harriet Tubman

Cuando acabó la Guerra Civil en 1865, los esclavos afroamericanos por fin fueron libres. Sin embargo, seguían sin tener los mismos derechos que los demás. Se necesitaron muchos años y el trabajo de muchos activistas para que obtuvieran esos derechos.

Entre los años de 1950 y 1970, Martin Luther King Jr. fue el líder de la lucha de los afroamericanos por la igualdad de derechos. Escribió libros y pronunció muchos discursos. Lideró una marcha de miles de personas en Washington, D.C., donde pronunció su famoso discurso "Tengo un sueño".

Martin Luther King Jr.

Muchos estadounidenses han trabajado por la igualdad de derechos. Algunos han usado su poder en el gobierno para lograr cambios. En 1964, el presidente Lyndon B. Johnson ayudó a aprobar una ley para que fuera ilegal tratar a las personas de maneras distintas en el lugar de trabajo. La vida de muchas personas cambió gracias al esfuerzo de todos estos activistas.

4. **Sacar conclusiones** **Usa** los detalles que leíste para **escribir** una conclusión sobre los activistas que luchan por la igualdad de derechos.

....

....

¿Entiendes?

5. **Sacar conclusiones** **Lee** la siguiente oración. Luego **escribe** una conclusión que puedas sacar de la oración.

Durante diez años, Harriet Tubman volvió una y otra vez al Sur para ayudar a las personas esclavizadas a escapar hacia la libertad.

....

....

6. **Piensa** en una persona de principios del siglo XX que maneja un Ford Modelo T hacia la casa de un amigo. **Describe** en qué podría ser diferente ese viaje de un viaje en carro que haces en el presente.

mi Historia: Ideas

....

....

....

¡Para! Necesito ayuda ....

¡Espera! Tengo una pregunta ....

¡Sigue! Ahora sé ....

Repaso y Evaluación

Lección 1

Nuevas maneras de viajar

1. **Describe** de qué modo la Carretera Nacional hizo que más personas poblaran el Oeste.

   ....

   ....

2. **Explica** el modo en el que el ferrocarril transcontinental cambió los Estados Unidos.

   ....

   ....

3. **Numera** los siguientes sucesos del 1 al 4 en el orden en el que ocurrieron.

   _____ Se termina de construir el ferrocarril transcontinental.

   _____ Se abre el canal del Erie.

   _____ Lewis y Clark exploran el territorio que está al oeste del Mississippi.

   _____ Se inventa el avión.

Lección 2

Un nuevo hogar en los Estados Unidos

4. **Escribe** los distintos tipos de trabajos que hicieron los inmigrantes japoneses cuando llegaron a vivir a los Estados Unidos.

   ....

   ....

   ....

Lección 3

Nuevas maneras de comunicarse

5. ⊙ **Sacar conclusiones** **Lee** los detalles. Luego **completa** la tabla con una conclusión que puedas sacar de los detalles.

Detalles	Conclusión
1. La invención del telégrafo permitió enviar mensajes casi al instante. 2. La invención de la radio permitió enviar mensajes a muchas personas a la vez sin usar cables. 3. Ahora se pueden enviar mensajes de correo electrónico al instante con la computadora.	

6. **Escribe** de qué modo cada uno de estos inventos cambió la manera de comunicarse de las personas.

a. Teléfono ....

....

b. Televisión ....

....

Lección 4

Nuevas ideas

7. Traza una línea para unir cada persona con su invento.

Jonas Salk   manera de matar gérmenes

Henry Ford   segadora

Louis Pasteur   línea de montaje

Cyrus McCormick   vacuna contra la polio

8. Rellena el círculo de la respuesta correcta.

¿Quién ayudó a aprobar una ley para que fuera ilegal tratar a las personas de maneras distintas en el lugar de trabajo?

○ el presidente Lyndon B. Johnson

○ Harriet Tubman

○ Frederick Douglass

○ Martin Luther King Jr.

9. Explica de qué modo Edward Jenner ayudó a proteger a las personas de la viruela.

....

....

10. ◉ **Escribe** un detalle que apoye esta conclusión: Martin Luther King Jr. trabajó duro para ayudar a los afroamericanos a obtener la igualdad de derechos.

....

....

....

Conéctate en línea para escribir e ilustrar tu **myStory Book** usando **miHistoria: Ideas** de este capítulo.

¿Cómo cambia la vida a lo largo de la historia?

La vida ha cambiado de muchas maneras con el tiempo. Los inventos y las nuevas ideas en materia de transporte, comunicación, medicina y tecnología han hecho que nuestra vida sea más fácil.

Piensa en cómo cambiaron con los años los viajes y las comunicaciones. **Escribe** sobre las distintas maneras en las que has viajado o te has comunicado.

....

....

....

....

Ahora **dibuja** la manera en la que viajas o te comunicas más seguido.

Mientras estás en línea, dale un vistazo a **myStory Current Events,** donde puedes crear tu propio libro sobre un tema de actualidad.

Los trabajos en nuestras comunidades

mi Historia: ¡Despeguemos!

 PREGUNTA PRINCIPAL

¿Cómo obtienen las personas lo que necesitan?

Piensa en las decisiones que toman las personas cuando compran algo. Luego **escribe** acerca de una decisión que tomaste cuando compraste algo.

....

....

....

....

El mercado Farmers Market

mi Historia: Video

Nos vemos en Third y Fairfax

Los ojos de Sloan se iluminan al ver la juguetería Kip's Toyland. "¡Es el mejor lugar del mundo!", exclama. Sloan ha llegado a Farmers Market, un mercado de los Ángeles, California, ubicado en la esquina de Third y Fairfax. Este tradicional mercado proporciona bienes y servicios a sus clientes desde 1934. Los bienes son cosas que algunas personas elaboran o cultivan y luego venden. Un servicio es un trabajo que una persona hace para otra.

Al llegar a Farmers Market, Sloan estaba tan emocionado que no sabía por dónde empezar.

"Hoy no compraremos juguetes, sino cosas que necesitamos", dice la mamá de Sloan. Mientras exploran el mercado, Sloan observa los coloridos objetos que se exhiben en las tiendas. En la vidriera de una tienda, hay una gran variedad de camisetas y sudaderas. En otra vidriera, hay brillantes joyas de fantasía. Sloan mira dentro de una de las tiendas para niños y sonríe al ver que hay un área de juegos. Sloan se detiene un rato a oler los ricos aromas de la comida que se vende. "Mmm... huele a comida china", dice. "¡Creo que comeré eso en el almuerzo!".

223

En Farmers Market hay una gran variedad de frutas y verduras para la venta.

En la carnicería hay muchos tipos de carnes para escoger.

¡Sloan no pudo resistir las ganas de pararse a ver los deliciosos productos de pastelería!

La gente va a Farmers Market a comprar lo que necesita. Allí se ofrecen muchos bienes. Los agricultores locales llevan sus frutas y verduras para venderlas directamente. Esta es una de las razones por las que a Sloan y su mamá les encanta ir a ese mercado. Los clientes saben que los alimentos que compran allí son muy frescos.

Sloan se dirige al puesto de verduras más cercano. "¡Brócoli! ¡Mi verdura favorita!", exclama. Junto al puesto de verduras, hay una carnicería. "También me encanta el pollo", dice Sloan. Hay una tienda para cualquier alimento que se te ocurra, como carnes, quesos y hasta mantequilla de maní recién hecha. También hay un puesto de pescados y mariscos, así como varias panaderías. Y si buscas algo rico para tu perro, ¡hay una panadería para perros!

A principios de la década de 1930, las gasolineras de Farmers Market tenían surtidores transparentes para que se viera el color de la gasolina.

En la fábrica de chocolates, Sloan vio cómo se hacían diferentes dulces de chocolate.

La gente también va a Farmers Market a comprar cosas que desea. Hay tiendas de juguetes, una tienda de sombreros, una tienda de especias y hasta una fábrica de chocolates. Aunque Sloan desea comprar muchas cosas, decide pedirle a su mamá una sola cosa. Su mamá acepta comprarle una gorra de béisbol. "Me llevaré esa", le dice Sloan al vendedor. "Es de mi equipo favorito. ¡Gracias!".

Farmers Market está en medio de una gran ciudad. Mucha gente de los alrededores llega a hacer compras, comer y disfrutar de los espectáculos de músicos callejeros. Es un lugar muy visitado y animado. También hay muchas tiendas de recuerdos. Un recuerdo es un objeto que sirve para recordar un lugar o un hecho. "Lo pasé muy bien hoy en el mercado", nos dice Sloan. "Sé que no necesitaba esta moneda de recuerdo, pero es linda, ¿verdad?". Muchas personas compran recuerdos para llevar a casa y así recordar su visita a Farmers Market. Si pudieras comprar un recuerdo, ¿cuál escogerías?

Sloan muestra orgulloso su moneda de un centavo de recuerdo.

Piénsalo Según esta historia, ¿crees que Farmers Market es un buen lugar para encontrar las cosas que la gente necesita y desea? A medida que lees el capítulo, piensa en lo que te dice la historia sobre cómo trabajan juntas las personas de distintas comunidades para satisfacer sus necesidades y sus deseos.

Satisfacer nuestras necesidades y nuestros deseos

Encierra en un círculo dos cosas que te podrían ayudar a hacer tu trabajo en la escuela.

¿Alguna vez has dicho "necesito tener ese juguete"? ¿Lo necesitas realmente o solo deseas tenerlo? Hay una diferencia entre las necesidades y los deseos.

Las necesidades y los deseos

Las **necesidades** son cosas que las personas deben tener para vivir. Los alimentos saludables, el agua, la ropa y la vivienda son necesidades. Necesitas alimentos y agua para vivir. Necesitas un suéter cuando hace frío. Necesitas un lugar cálido, seco y cómodo para vivir.

Los **deseos** son cosas que te gustaría tener, pero que no necesitas. Puedes vivir sin esas cosas. Algunos de tus deseos podrían ser una pelota de básquetbol, los tenis que te gustan y un juego de mesa.

Una misma cosa puede ser un deseo para una persona y una necesidad para otra. Por ejemplo, alguien desea tener un barco para poder esquiar en el agua. Otra persona, en cambio, necesita un barco como medio de transporte.

1. **Completa** la tabla con dos necesidades y dos deseos.

Necesidades	Deseos

La ropa y los alimentos saludables son necesidades.

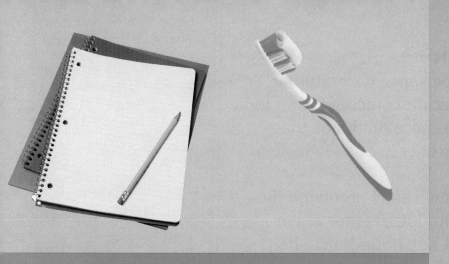

DESCIFRA LA PREGUNTA PRINCIPAL

Aprenderé cuál es la diferencia entre las necesidades y los deseos.

Vocabulario

necesidades   costo de
deseos   oportunidad
escasez   valor
abundancia

¿Suficiente o demasiado?

Cuando hay **escasez**, no hay suficiente cantidad de algo para satisfacer la necesidades o los deseos de las personas. Por ejemplo, si no llueve durante mucho tiempo, puede haber escasez de agua. Es posible que las plantas no florezcan y que baje el nivel de agua.

Cuando hay escasez, las personas deben decidir cómo usar lo que tienen. Si no hay suficiente agua, quizá decidan no regar el césped. Así habría más agua para beber, lavar y bañarse.

Cuando hay **abundancia**, hay mucha cantidad de algo. Por ejemplo, si llueve durante mucho tiempo, podría haber abundancia de agua. Cuando hay abundancia de algo, hay lo suficiente para satisfacer las necesidades y los deseos de las personas.

2. ◉ **Comparar y contrastar Explica** la diferencia entre escasez y abundancia.

La falta de lluvia podría causar escasez de agua.

....

....

....

....

La escasez y las opciones

Cuando hay escasez, las personas deben tomar decisiones difíciles. Deben decidir cómo dividirán lo que tienen para satisfacer las necesidades de todos. Deben hallar un modo de escoger lo que sea justo para todos.

Algunas comunidades resuelven el problema de la escasez intercambiando productos entre sí. Por ejemplo, en una comunidad hay abundancia de verduras, como zanahorias. En otra comunidad hay abundancia de productos lácteos. Estas dos comunidades podrían intercambiar los productos que les sobran para que todos tengan lo necesario.

Cuando hay escasez de dinero, las personas deben decidir cuidadosamente cómo gastarán lo que tienen. Imagina que tienes suficiente dinero para comprar un guante de softbol o dos libros sobre softbol. Piensas en tus opciones. El guante es viejo, pero todavía te sirve. Los libros son sobre tus jugadores favoritos, y hace mucho que los quieres. Decides comprar los libros.

A veces, cuando escoges una opción, tienes que dejar algo a un lado. Dejaste el guante de softbol cuando escogiste comprar los libros. El guante fue tu costo de oportunidad. El **costo de oportunidad** de un artículo es el valor de la cosa que dejas cuando escoges otra cosa. El **valor** de un artículo es lo que vale ese artículo para una persona.

3. ◉ **Idea principal y detalles Subraya** lo que deben hacer las personas cuando hay escasez de dinero.

Cuando intercambias algo con alguien, dejas una cosa para obtener otra.

El valor y las opciones

Las personas escogen entre opciones cuando gastan dinero. Deciden qué artículo desean o necesitan más. Escogen el que tiene más valor para ellos.

Las cosas que cuestan más dinero no siempre tienen un valor más alto para una persona. Un artículo muy costoso quizá no tenga tanto valor para alguien que no lo desea o no lo necesita.

Las personas suelen comparar las cosas antes de decidir qué comprar.

Imagina que una familia de cinco personas decide mudarse a un apartamento más grande. Para escoger un apartamento, tienen que decidir cuál tiene más valor para ellos.

La familia halla dos apartamentos que les gustan a todos. Ambos son del mismo tamaño y el alquiler cuesta lo mismo. El primer apartamento está cerca de la escuela de los niños y del trabajo de los padres. Sin embargo, está lejos del centro comunitario y de la tienda de comestibles. El segundo apartamento está más lejos de la escuela y de los trabajos. Sin embargo, está más cerca del centro comunitario y de la tienda de comestibles.

¿De qué modo escogería la familia el apartamento? Decidirían lo que para ellos tiene más valor: estar cerca de la escuela y de los trabajos, o cerca del centro comunitario y de la tienda de comestibles.

La familia escogió el primer apartamento. Decidió que era más importante estar cerca de la escuela y de los trabajos. Puesto que ocupan más tiempo en ir a la escuela y al trabajo, el primer apartamento tiene más valor para esta familia.

4. Subraya la oración que muestra por qué la familia escogió el primer apartamento.

Las opciones en las comunidades

Todos los días, la gente de distintas comunidades del mundo tiene que escoger entre opciones. Esto se debe a que nadie puede comprar todo. Cada persona decide qué tiene más valor para ella.

Las personas de una comunidad a menudo se unen para escoger una opción. De esta manera, se pueden satisfacer la mayor parte de sus necesidades.

Por ejemplo, imagina que en dos comunidades hay escasez de dinero. Sus habitantes deciden que pueden ahorrar dinero si las dos comunidades trabajan juntas. Es así como deciden tener un departamento de policía para ambas comunidades en lugar de uno para cada una. Con este plan, todos reciben protección y ahorran dinero.

Las personas de todo el mundo escogen entre opciones cuando gastan dinero.

Las comunidades del mundo también pueden ayudarse unas a otras a escoger una opción. Por ejemplo, en un país hay escasez de agua y en otro hay abundancia. Los habitantes de ambos países podrían reunirse y decidir cuánta agua tienen en conjunto. Luego podrían crear un plan para compartir el agua. Este plan garantiza que todos tengan suficiente agua.

5. **Imagina** que en el parque de tu comunidad hay escasez de artículos de béisbol. **Describe** una manera en la que puedes trabajar con los demás para conseguir los artículos que desean.

....

....

....

....

6. ⊙ **Idea principal y detalles** Imagina que vas de campamento. **Completa** el cuadro con tus necesidades y tus deseos. **Di** si cada artículo es una necesidad o un deseo.

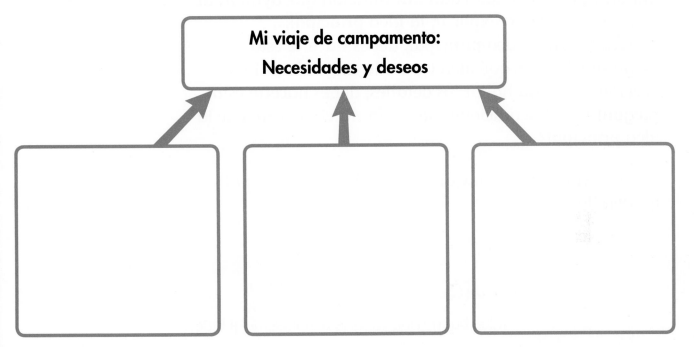

Mi viaje de campamento:
Necesidades y deseos

7. ❓ **Escribe** acerca de alguna vez en la que tuviste que escoger entre comprar algo que necesitabas y algo que deseabas. **Explica** por qué escogiste esa opción.

mi Historia: Ideas

....

....

....

....

🔲 **¡Para!** Necesito ayuda ....

⏸ **¡Espera!** Tengo una pregunta ....

▶ **¡Sigue!** Ahora sé ....

Idea principal y detalles

La idea principal de un pasaje escrito es la idea más importante. Los detalles dan información que ayudan al escritor a apoyar, o explicar, la idea principal.

Para hallar la idea principal, debes hacerte esta pregunta: "¿Sobre qué idea tratan la mayoría de las oraciones?". Para hallar los detalles, debes hacerte esta pregunta: "¿Qué oraciones dan información acerca de la idea principal?".

Lee la carta de María a Carla. Busca la idea principal y los detalles.

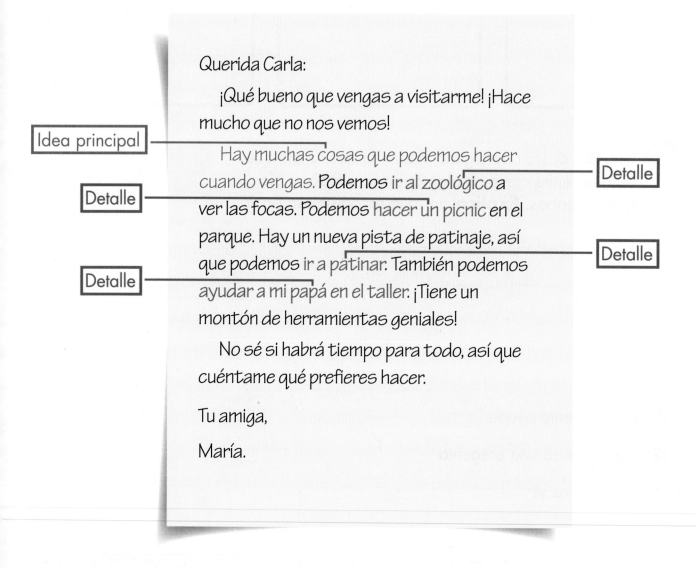

Querida Carla:

¡Qué bueno que vengas a visitarme! ¡Hace mucho que no nos vemos!

Idea principal —— Hay muchas cosas que podemos hacer cuando vengas. **Detalle** Podemos ir al zoológico a ver las focas. **Detalle** Podemos hacer un picnic en el parque. Hay un nueva pista de patinaje, así que podemos ir a patinar. **Detalle** También podemos ayudar a mi papá en el taller. ¡Tiene un montón de herramientas geniales!

No sé si habrá tiempo para todo, así que cuéntame qué prefieres hacer.

Tu amiga,

María.

¡Inténtalo!

Lee la carta de Carla a María. Luego **responde** la pregunta.

Querida María:

¡Fantástico! Es difícil escoger entre tantas ideas maravillosas.

Creo que me gustaría ir al zoológico contigo. ¡Quiero ver las focas! Mi mamá me dijo que en ese zoológico hay muchas focas. También quiero ver los pandas, porque en el zoológico de aquí no hay pandas. ¡Hasta podemos hacer un picnic! Seguro que en el zoológico hay mesas para picnic.

¡Tengo muchas ganas de volver a verte!

Tu amiga,
Carla

Completa el diagrama de abajo con la idea principal y los detalles de la carta de Carla.

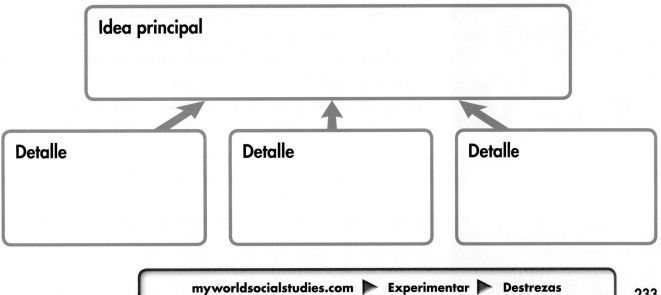

Idea principal

Detalle

Detalle

Detalle

Lección 2

Los productores y los consumidores

¡Imagínalo!

Escribe una leyenda que describa qué ocurre en esta foto.

Los agricultores cultivan bienes, como naranjas, que luego venden.

En tu comunidad hay todo tipo de empresas grandes y pequeñas. Algunas empresas fabrican cosas, como tenis o computadoras. Otras empresas venden esas cosas. Y hay otras empresas que hacen algo para otras personas, como reparar carros o lavar ropa.

Todas las empresas tratan de proporcionarle a la gente lo que necesita o desea. Veamos cómo funcionan algunas empresas.

Bienes y servicios

Los **bienes** son cosas que las personas fabrican o cultivan y luego venden. Algunos ejemplos de bienes que se fabrican son los tenis y las computadoras. Algunos ejemplos de bienes que se cultivan son las naranjas y otras frutas o verduras.

Un **servicio** es un trabajo que una persona hace para otra. La persona que repara bicicletas proporciona un servicio cuando arregla un neumático roto. El dentista te proporciona un servicio al limpiarte los dientes. Los servicios son acciones.

Los bienes y los servicios se llaman productos. Un producto es un artículo o una acción que se vende. Algunas empresas proporcionan bienes y servicios. Por ejemplo, una tienda de patinaje vende patines, lo que es un bien. También podría arreglar patines, lo que es un servicio.

DESCIFRA LA PREGUNTA PRINCIPAL

Aprenderé cuál es la diferencia entre bienes y servicios, y entre productores y consumidores.

Vocabulario

bienes	recurso humano
servicio	recurso de capital
productor	
consumidor	ganancia

¿Qué bienes y servicios se ofrecen en tu comunidad? En tu cuadra, podría haber una tienda de comestibles que vende frutas, verduras, pan y leche. Esos alimentos son los bienes de la tienda.

Muchas peluquerías venden tanto bienes como servicios. Venden bienes, como champú y cepillos para el cabello. También venden cortes de cabello. Como cortar el cabello es una acción, es un servicio.

1. ⬤ **Idea principal y detalles** **Completa** la tabla con tres bienes y tres servicios.

Las peluquerías ofrecen servicios, como cortar el cabello.

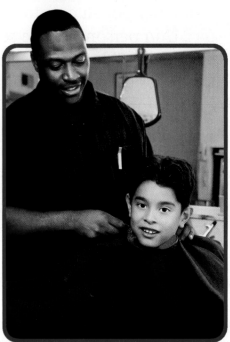

Bienes	Servicios
....	....
....	....
....	....
....	....
....	....
....	....

Los productores y los consumidores

Pocas personas pueden hacer todos los productos y servicios que necesitan y desean. Por eso, la mayoría de las personas compran bienes y servicios a otras personas o a tiendas y empresas.

Una persona que elabora un producto o proporciona un servicio se llama **productor.** Si has elaborado algo, como una tarjeta de cumpleaños, has sido productor.

Las personas que gastan dinero para comprar lo que necesitan o desean se llaman **consumidores.** Si has comprado algo, como una manzana, has sido consumidor. Los consumidores compran bienes y servicios. El estudio de cómo se producen, distribuyen y consumen los bienes y servicios se llama economía.

Los productores y los consumidores se necesitan unos a otros. Los productores necesitan a los consumidores para que compren sus bienes y servicios. Los consumidores necesitan a los productores para recibir los bienes y servicios que ellos no pueden obtener por su cuenta.

Una persona puede ser productora y consumidora a la vez. El hombre de la foto, que está haciendo una silla, es un productor. Está haciendo un producto que comprará otra persona. También es un consumidor, porque le compró la madera y las herramientas a la persona que las produjo.

2. Mira la foto. **Encierra** en un círculo al productor.

Este productor está haciendo una silla de madera.

Los consumidores compran bienes a otras personas, no solo en las tiendas.

Recursos por todos lados

Imagina que necesitas ayuda para colgar un cartel en la pared de tu cuarto. Si le pides a un amigo que sostenga el cartel mientras tú lo pegas, estás usando a tu amigo como recurso humano. Un **recurso humano** es una persona que elabora productos o proporciona servicios. Los recursos humanos también se pueden llamar productores.

Hay muchos otros tipos de recursos. Los recursos naturales son materiales útiles que salen de la naturaleza. Para fabricar bienes se necesitan muchos tipos de recursos naturales. El agua, el suelo y la madera son recursos naturales.

Los **recursos de capital** son las cosas necesarias para producir bienes y servicios. Las computadoras, las herramientas y el dinero son recursos de capital.

Las empresas tratan de usar sus recursos con inteligencia. De este modo, pueden obtener una ganancia. La **ganancia** es el dinero que les queda a las empresas después de pagar los costos.

¿Cuáles son esos costos? Las empresas pagan dinero a sus empleados, es decir, a los recursos humanos, por su trabajo. Algunas empresas compran bienes para fabricar los productos que venden. También pagan la calefacción y el agua que usan. Además, las empresas pagan recursos de capital, como las máquinas con las que fabrican los productos.

La doctora y la enfermera son recursos humanos.

3. Escribe los tres tipos de recursos que usan las personas y las empresas.

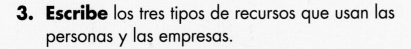

....

....

....

Cambiar de función

Imagina que preparas limonada en un día de calor. Eres un productor, porque estás elaborando algo. El bien que elaboras es la limonada.

También eres un consumidor, porque tuviste que comprar cosas para preparar la limonada. Probablemente compraste limones, azúcar y vasos desechables.

Los productores y los consumidores pueden cambiar de función. Por ejemplo, las fábricas de bicicletas son productores porque fabrican las bicicletas que compran las personas.

A la vez son consumidores, porque compraron ciertas cosas que se usan para hacer las bicicletas. Quizá no fabricaron los neumáticos o la pintura, sino que los compraron en tiendas. Por lo tanto, son consumidores de neumáticos y de pintura.

Las fábricas usan esos artículos para hacer las bicicletas que venden a los consumidores. Los consumidores pagan dinero para comprar las bicicletas. Después, la fábrica puede usar ese dinero para hacer más bicicletas. Los productores y los consumidores a menudo cambian de función en el proceso de compra y venta.

Las personas pueden ser tanto productoras como consumidoras.

4. **Escribe** una oración que describa una vez en la que fuiste productor. **Escribe** una oración que describa una vez en la que fuiste consumidor.

....

....

....

....

5. ⊙ **Idea principal y detalles** Explica qué son los productores y los consumidores. Luego **escribe** acerca de cómo se ayudan unos a otros.

a. Los productores son

....

....

b. Los consumidores son

....

....

c. ¿Cómo se ayudan unos a otros los productores y los consumidores?

....

....

....

....

6. **Escribe** acerca de un servicio que puedes hacer para alguien de tu familia o de tu vecindario.

mi Historia: Ideas

....

....

....

□ **¡Para!** Necesito ayuda ....

❙❙ **¡Espera!** Tengo una pregunta ....

▶ **¡Sigue!** Ahora sé ....

Intercambiar bienes y servicios

Describe lo que crees que están haciendo el niño y la niña de esta foto.

Las frutas, como estos mangos, son bienes que puedes comprar.

¿Te has preguntado cómo llegan las frutas a la tienda? El agricultor que cultivó la fruta probablemente se reunió con un empleado de la tienda. El empleado de la tienda, es decir, el comprador, miró la fruta. El agricultor, es decir, el vendedor, explicó por qué esa fruta era un buen producto.

Luego el comprador y el vendedor hablaron sobre el precio. Cuando se pusieron de acuerdo, hicieron un trato. El empleado de la tienda dio una cantidad de dinero al agricultor a cambio de la fruta. Finalmente, la fruta se entregó a la tienda. Así es como las frutas llegan a la tienda.

El comercio y el trueque

Las comunidades de los Estados Unidos y de todo el mundo dependen unas de otras para muchas cosas. Algo que deben hacer es comerciar. **Comerciar** es usar dinero para comprar y vender bienes y servicios. En cambio, **hacer un trueque** es hacer un intercambio sin usar dinero. En un trueque, una persona da un bien o un servicio a otra a cambio de otro bien o servicio.

Las personas comercian y hacen trueques desde hace miles de años. Es común que los habitantes de un lugar solo fabriquen ciertos tipos de bienes. Luego hacen un trueque con personas que tienen bienes que ellos necesitan.

DESCIFRA LA ¿? PREGUNTA PRINCIPAL

Aprenderé diferentes maneras en las que las personas comercian bienes y servicios, y los efectos de la oferta y la demanda.

Vocabulario

comerciar
hacer un trueque
oferta

demanda
libre mercado
importar
exportar

Hacer trueques puede ser útil entre personas de diferentes culturas. Por ejemplo, cuando los europeos vinieron a las Américas, no podían usar el dinero de sus países. Fue así como hicieron trueques con los indígenas americanos para obtener las cosas que necesitaban.

Los europeos les dieron a los indígenas herramientas y animales, como hachas y caballos. A cambio, los indígenas les dieron maíz, papas y otros alimentos, así como pieles para abrigarse.

En la actualidad, las personas suelen usar dinero para obtener los bienes y servicios que necesitan. El dinero facilita el comercio de bienes y servicios. Esto se debe a que el dinero tiene un valor con el que todos están de acuerdo. El dinero es muy liviano, así que es portátil, o sea, fácil de llevar. También puede dividirse en unidades más pequeñas. Si tú compras algo que cuesta 50 centavos con un billete de un dólar, el vendedor puede darte 50 centavos de cambio. El dinero también es duradero, es decir, puede durar mucho tiempo.

1. ◉ **Comparar y contrastar** **Subraya** el texto que explica la diferencia entre comerciar y hacer un trueque.

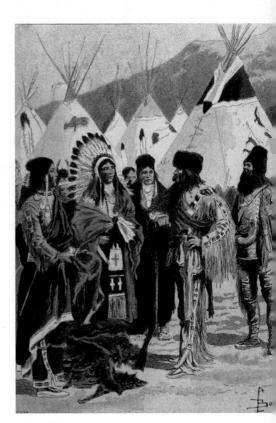

Al principio, las personas hacían trueques para obtener bienes.

La oferta y la demanda

La cantidad de bienes o servicios que las personas pueden vender se llama **oferta**. La cantidad de bienes o servicios que las personas desean y pueden comprar se llama **demanda**.

En la mayoría de los casos, si aumenta la oferta de algo, el precio baja. Imagina que el dueño de una tienda tiene demasiados suéteres. Podría bajar el precio de los suéteres. Como resultado, podrían comprarlos más personas.

Muchas cosas podrían hacer que baje la oferta de suéteres. Si hay pocas ovejas, quizá falte lana para hacerlos. Si hay una tormenta, quizá los camiones no puedan llevar los suéteres a la tienda.

¿Qué ocurre si la oferta baja? El precio podría subir. Algunas personas quizá decidan pagar un precio más alto porque realmente desean un suéter.

Muchas cosas podrían hacer que baje la demanda de suéteres. Si hace calor, las personas quizá no quieran comprarlos. Si pocas personas compran suéteres, el precio podría bajar.

Los precios pueden depender del tamaño de la oferta. Si hay mucho de algo, los precios suelen bajar.

2. ◉ **Causa y efecto Escoge** un bien o un servicio que usas. Luego **escribe** acerca de lo que podría hacer que baje la oferta de ese bien o servicio.

....

....

....

....

Transportar bienes alrededor del mundo

En la actualidad, es fácil comerciar con países de todo el mundo. Esto se debe a que los bienes se pueden transportar de un país a otro en pocos días.

La fruta se echa a perder muy rápido. Sin embargo, los distintos tipos de transporte, como aviones, trenes, barcos y camiones, llevan las frutas a las tiendas rápidamente. Por eso podemos comprar fruta fresca que se cosechó en un lugar lejano pero que todavía tiene buen sabor.

A medida que las personas compran fruta, la oferta baja. Pero esa cantidad puede volver a aumentar en poco tiempo. Hay camiones y barcos que pueden llevar más fruta a la tienda.

Las comunicaciones también ayudan a que el comercio sea más rápido. Las personas usan Internet y el teléfono para comunicarse al instante. Compran productos en línea o por teléfono. De esta manera, el transporte y las comunicaciones ayudan a que la oferta de productos aumente con rapidez.

Empacar bienes en grandes contenedores como estos permite enviar bienes a todo el mundo con rapidez.

3. **Explica** qué ayuda a que la oferta de productos aumente con rapidez en la actualidad.

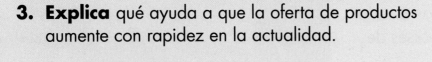

El libre mercado

En los Estados Unidos, las personas y las compañías hacen negocios en un libre mercado. Un **libre mercado** les permite a las personas escoger qué elaborar y qué comprar.

En un libre mercado, los agricultores deciden qué cultivar. Las fábricas deciden qué bienes fabricar. Los dueños de las tiendas deciden qué productos vender. Las personas deciden qué bienes y servicios desean comprar.

Algunos países no tienen libre mercado. En esos países, el gobierno controla qué se compra y qué se vende.

Los Estados Unidos importan aceite de oliva de Italia.

El comercio mundial

En la actualidad, las personas de todo el mundo se compran y venden bienes y servicios unas a otras. El comercio entre países se llama comercio internacional.

Las personas y los países importan productos de otros países. **Importar** significa traer a un país productos y recursos de otro país. Por ejemplo, los Estados Unidos importan lana de Australia y de Nueva Zelanda. El petróleo se importa a los Estados Unidos desde Rusia y Arabia Saudita.

Las personas y los países también exportan productos a otros países. **Exportar** significa enviar productos y recursos de un país a otro. Por ejemplo, los Estados Unidos exportan algodón a países de todo el mundo.

4. **Subraya** la oración que dice qué ocurre cuando los países no tienen un libre mercado.

Corea exporta carros a los Estados Unidos.

5. ○ **Idea principal y detalles** **Completa** la tabla con detalles que apoyen la idea principal.

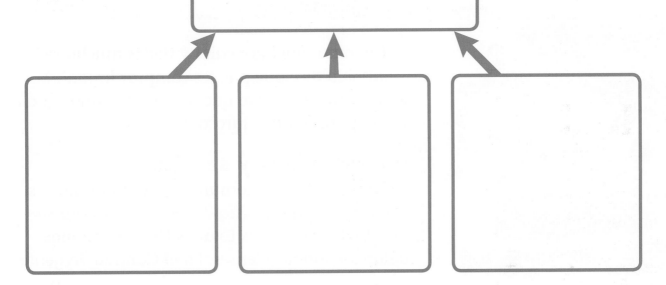

En la actualidad, las personas comercian para intercambiar bienes y servicios.

6. ❓ **Escribe** cómo intercambiaste un bien o un servicio con un amigo o un familiar.

mi **Historia: Ideas**

....

....

....

◻ **¡Para!** Necesito ayuda ....

❚❚ **¡Espera!** Tengo una pregunta ....

▶ **¡Sigue!** Ahora sé ....

Gastar y ahorrar

¡Imagínalo!

Escribe para qué crees que podría estar ahorrando dinero esta niña.

En los Estados Unidos, Japón y México, la gente usa diferentes tipos de dinero. En Japón, se usan yenes.

Imagina que hace calor y tienes mucha sed. Tu abuela dice que puedes comprar limonada. Usas parte del dinero que tienes ahorrado. ¡El día ya no parece tan caluroso!

Pagar bienes y servicios

La manera más común de pagar por algo es con dinero. La mayoría de los países hacen su propio dinero. En los Estados Unidos, usamos dólares estadounidenses. En el Canadá, la gente usa dólares canadienses. En México, se usan pesos. En las islas del Caribe, hay distintos tipos de dinero. En Jamaica, por ejemplo, las personas usan dólares. En Haití, se usan gourdes y en Aruba, florines.

En lugar de usar dinero, se puede pagar algo por medio de un trueque, es decir, intercambiando una cosa por otra. Por ejemplo, podrías darle a tu primo una barra de granola a cambio de una manzana.

El crédito es otra manera de comprar cosas. **Crédito** es una promesa de que se pagará algo. Una **tarjeta de crédito** le permite al dueño de la tarjeta comprar cosas y pagarlas después. Cada mes, el dueño de la tarjeta paga una cantidad a la compañía de crédito hasta que paga todo el dinero.

DESCIFRA LA PREGUNTA PRINCIPAL

Aprenderé cuáles son las diferentes maneras en las que las personas pagan bienes y servicios, y cómo ahorran dinero.

Vocabulario

crédito

tarjeta de crédito

ahorros

banco

interés

depósito

préstamo

presupuesto

Los ahorros

El dinero que una persona gana pero no gasta son sus **ahorros.** Por ejemplo, imagina que paseas al perro de un vecino por una semana. Ganas $5, pero compras una revista de historietas que cuesta $2. Si a $5 le restas $2, te quedan $3. Los $3 que te quedan es el dinero que ahorras para usar después.

Muchas personas ahorran dinero durante semanas, meses o hasta años. De esta manera, pueden planear la compra de algo que necesitan o desean. Tú puedes ahorrar dinero para algo pequeño, como una pelota de básquetbol o una chaqueta que te gusta. También puedes ahorrar dinero para algo caro, como unas vacaciones de verano o estudiar en la universidad. Tardarás más tiempo en ahorrar para algo caro que para algo que cuesta poco.

1. **Escribe** dos maneras en las que las personas pueden pagar por las cosas que desean y necesitan.

....

....

....

Puedes ahorrar dinero haciendo trabajos pequeños para tus vecinos.

Para ahorrar, se puede guardar dinero en un banco.

Las cuentas de ahorros en los bancos

Puedes ahorrar dinero en tu propia casa, guardándolo en un frasco o recipiente pequeño. También puedes ahorrar dinero fuera de tu casa, en un banco. Un **banco** es una empresa que guarda, cambia y presta dinero.

Los bancos son un buen lugar para ahorrar porque te dan un dinero adicional por los ahorros que guardas. Ese dinero adicional se llama interés. El **interés** es el dinero que te da un banco por permitirle que guarde tu dinero. El banco te da dinero mientras ahorras, y el interés hace que aumenten tus ahorros.

El banco funciona de la siguiente manera. El dinero que pones en el banco se llama **depósito.** El empleado del banco cuenta el dinero que depositas y registra la cantidad en un libro pequeño o un papel. Algunos bancos también te permiten ver tus depósitos en línea.

Al depositar tu dinero, puedes entregarlo a un empleado del banco o usar un cajero automático. De cualquier manera, los bancos te ayudan a ahorrar. Guardan tu dinero en un lugar seguro y te dan un interés por ahorrar.

2. ◉ **Idea principal y detalles Completa** el diagrama con tres detalles que apoyen la idea principal.

Un banco es un buen lugar para ahorrar dinero.

Pedir dinero prestado

A veces las personas necesitan comprar algo, pero no tienen suficiente dinero ahorrado. En esos casos, quizá tengan que pedir dinero prestado a una persona o a un banco.

Cuando un banco presta dinero, ese dinero se llama **préstamo.** ¿De dónde obtienen los bancos el dinero que prestan? Los bancos prestan el dinero que otras personas están ahorrando. Esa es la razón por la que pagan interés. Pagan a las personas que ahorran a cambio de usar su dinero.

Un préstamo no es un regalo. Las personas deben devolver el dinero. Tienen que pagar una tarifa por el dinero prestado. Esa tarifa también se llama interés. Lee en el cuadro de abajo los pasos que se siguen para obtener un préstamo.

Cómo obtener un préstamo

1. La persona habla con un encargado de préstamos del banco.

⬇

2. El banco decide cuánto dinero prestará a esa persona.

⬇

3. El banco se asegura de que la persona podrá devolver el préstamo.

⬇

4. La persona firma papeles que dicen cuánto dinero le presta el banco y cuándo debe devolver el préstamo.

⬇

5. La persona recibe el dinero. Poco después, empieza a pagar el dinero del préstamo con el interés.

3. Subraya la oración que dice de dónde obtienen los bancos el dinero que prestan.

Los presupuestos personales

Hacer un presupuesto es útil para saber cómo ahorrar y gastar tu dinero. Un **presupuesto** es un plan que muestra tu ingreso, tus gastos y tus ahorros. Tu ingreso es el dinero que ganas. Tus gastos es el dinero que gastas. Es útil anotar la cantidad de dinero que deseas ahorrar.

Un presupuesto te ayuda a llevar la cuenta de tu dinero. También te ayuda a ahorrar para algo especial. Por ejemplo, Sue desea comprar una mochila que cuesta $25. También necesita $10 para comprarle un regalo a su mamá. Para ahorrar dinero, consigue un empleo como repartidora de periódicos en el que le pagan $18 por semana.

Sue hace un presupuesto. Así calcula cuánto tiempo tendrá que trabajar para ahorrar el dinero que necesita para comprar la mochila y el regalo. A las tres semanas, tiene suficiente dinero para ambas cosas.

MI PRESUPUESTO			
Semana	Ingreso	Gastos	Ahorros
1	$18	$6	$12
2	$18	$2	$16
3	$18	$10	$8

Los presupuestos ayudan a las personas a planear cómo usar su dinero.

Los presupuestos comunitarios

Las comunidades, así como las personas, tienen sus propios presupuestos. El alcalde de una ciudad podría hacer un presupuesto para comprar nuevos carros de policía para la comunidad. El concejo municipal podría hacer un presupuesto para planear cómo se pagará la reparación de la piscina local. La junta directiva de la escuela podría hacer un presupuesto para comprar libros nuevos. Todos deben planear cómo usar el dinero que obtienen de los impuestos para comprar lo que necesita y desea la comunidad.

4. 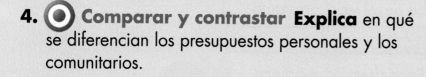 **Comparar y contrastar** **Explica** en qué se diferencian los presupuestos personales y los comunitarios.

....

....

....

5. ◉ **Idea principal y detalles Completa** la tabla de abajo con información sobre las maneras en las que las personas pagan las cosas.

Maneras de pagar las cosas	Cómo funciona	Por qué es útil
Dinero		
Trueque		
Crédito		
Préstamo		

6. ❓ **Escribe** acerca de dos maneras en las que puedes ahorrar dinero.

mi Historia: Ideas

....

....

....

◻ **¡Para!** Necesito ayuda ....

❚❚ **¡Espera!** Tengo una pregunta ....

▶ **¡Sigue!** Ahora sé ....

Destrezas de gráficas

Gráficas lineales

Las gráficas muestran información en imágenes. Una gráfica lineal es una gráfica que muestra cómo cambia algo a lo largo del tiempo. Sigue estos pasos para leer una gráfica lineal.

1. Lee el título de arriba para saber qué muestra la gráfica. Luego mira los números que están en el lado izquierdo de la gráfica. En la gráfica de abajo, esos números indican la cantidad de monopatines vendidos. Mira las palabras que están en el lado inferior de la gráfica. En esta gráfica, muestran en qué mes se calcularon los totales.

2. Cada punto de la gráfica lineal muestra una cantidad en un momento determinado. Pon el dedo en el segundo punto desde la izquierda. Muévelo hacia la izquierda por la línea azul celeste hasta llegar a un número. El número es 10. Vuelve a poner el dedo sobre el punto. Ahora muévelo hacia abajo por la línea celeste hasta llegar a un mes. El mes es abril. Este punto muestra que a fines de abril se habían vendido 10 monopatines.

3. Cada punto muestra el total de monopatines que se vendieron. Sigue la línea para ver cómo cambió la cantidad de monopatines vendidos a lo largo del tiempo.

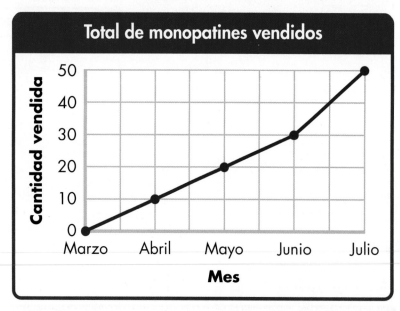

Total de monopatines vendidos

¡Inténtalo!

Lee la gráfica lineal de abajo. Luego **responde** las preguntas.

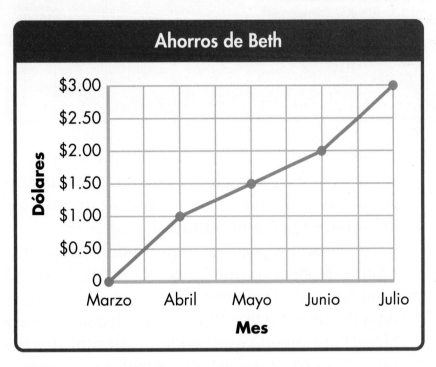

Ahorros de Beth

1. **Escribe** cuánto dinero tenía Beth en marzo.

   ....

2. En abril, Beth tenía $1.00. **Mira** cuánto dinero tenía en mayo.
   Luego **escribe** cuánto dinero ahorró Beth entre abril y mayo.

   ....

3. **Escribe** cuánto dinero ahorrado tenía Beth en julio.

   ....

4. **Explica** qué muestra esta gráfica lineal.

   ....

   ....

Diferentes tipos de trabajos

¡Imagínalo!

Dibuja algunas herramientas que podrías usar para construir un puente como este.

Las personas trabajan juntas para comprar y vender bienes y servicios. También, para construir cosas. Imagina que se va a construir un nuevo patio de recreo. ¿Qué se necesitaría?

Las personas podrían decidir poner arena y palitos de madera nuevos en el área de juego. Quizá también decidan comprar columpios y toboganes nuevos. Una vez que toman esas decisiones, deben buscar una tienda que venda los suministros que necesitan. También deben contratar a personas para hacer el trabajo.

Planificar un trabajo

Desde hace un tiempo, los habitantes de un pueblo se han quejado de lo difícil que es cruzar uno de los ríos del lugar. Tienen que recorrer un largo camino a pie o en carro hasta llegar al puente. Le piden al gobierno local que construya un nuevo puente, y el gobierno acepta. Sin embargo, los trabajadores no pueden empezar a construir el puente de inmediato. Primero, deben pensar en todo el proyecto.

Deben hacerse preguntas como estas: ¿Dónde debe construirse el puente? ¿Qué tipo de puente sería mejor? ¿Cuánto costará el puente? ¿Qué leyes existen para construir un puente? Una vez que resuelvan esas dudas, pueden crear un plan.

Planificar con cuidado hace que un proyecto sea exitoso.

Aprenderé a describir cómo la especialización y la división del trabajo ayudan a las personas a fabricar productos.

Vocabulario

especialización
división del trabajo
interdependencia

Una vez que tienen un plan, los trabajadores deben reunir los recursos necesarios para hacer el trabajo. Necesitan recursos humanos, como personas que puedan planear y construir el puente. También necesitan personas que puedan medir distancias, trabajar con herramientas especiales y usar máquinas pesadas.

También necesitan recursos naturales, como tierra y madera. Lo que es más importante, necesitan espacio abierto a ambos lados del río para construir caminos que permitan subir y bajar del puente.

Además, necesitan recursos de capital, como herramientas, máquinas y dinero. El dinero es necesario para pagar a los trabajadores y para comprar herramientas, máquinas y otros suministros.

1. ◎ Secuencia **Haz una lista** de tres pasos que se siguen para planificar un trabajo.

....

....

....

En algunos proyectos se necesitan recursos naturales, como este árbol.

Destrezas especiales y trabajos

En un proyecto, como construir un puente, pueden participar muchos tipos de trabajadores. Una persona podría trazar los planos para el proyecto, mientras que otra podría calcular cuánto costaría. Una tercera persona podría obtener las herramientas y las máquinas.

Cuando cada persona tiene una destreza especial y hace un trabajo o una parte de un proyecto, se llama **especialización.** La especialización lleva a la división del trabajo.

Cuando hay **división del trabajo,** un proyecto se divide o separa en trabajos más pequeños. Cada persona hace su propio trabajo, y entre todas, completan el proyecto.

Con la especialización y la división del trabajo, cada persona no tiene que aprender todas las destrezas necesarias para completar un trabajo. En cambio, puede aprender a hacer bien un solo trabajo. Esto sirve para ahorrar tiempo y dinero durante un proyecto. También ayuda a completar el proyecto sin problemas.

Piensa en cuántas personas se necesitan para producir los alimentos que comemos. Los agricultores cosechan cultivos. Se especializan en cuidar el suelo y las plantas. Los obreros de las fábricas enlatan sopa, atún y otros alimentos. Se especializan en proteger los alimentos y ponerlos al alcance de muchas personas. Tanto los agricultores como los obreros tienen una función importante en la producción de los alimentos que comemos.

Trazar planos para un trabajo es un tipo de especialización.

2. ◉ **Idea principal y detalles Explica** por qué la especialización y la división del trabajo son importantes para un proyecto.

....

....

....

....

Los trabajos ayudan al mundo

La especialización y la división del trabajo ayudan a las comunidades de todo el mundo. Esto se debe a que cada persona puede ofrecer sus productos y destrezas a quienes las necesitan. Redactar, soldar y enseñar son destrezas. Cultivar alimentos y reparar cosas también son destrezas.

Es común que los habitantes de cada país desarrollen destrezas importantes para el lugar donde viven. Por ejemplo, en lugares con muchos árboles, mucha gente podría aprender a trabajar con madera. En lugares con mucha agua, mucha gente podría aprender a fabricar botes. Los que trabajan con madera la venden a los que fabrican botes. Cuando estas personas comercian, todas obtienen lo que necesitan.

Por esa razón, hay compradores y vendedores que intercambian productos y servicios en todo el mundo. Dependen unos de otros. Cuando las personas dependen unas de otras para obtener las cosas que necesitan y desean, a eso se le llama **interdependencia.**

El comercio no es la única manera de interdependencia entre personas de distintas partes del mundo. Mucha gente se va a estudiar o a trabajar a otros países. Al vivir y trabajar juntas, las personas de distintas partes del mundo aprenden unas de otras. También comprenden mejor las ideas de los demás.

3. Escribe una manera en la que las personas de todo el mundo son interdependientes.

....

....

Enseñar es un trabajo especializado.

Soldar también es un trabajo especializado.

Los trabajos de ahora y de tiempo atrás

Así como las comunidades cambian con el tiempo, también cambian las maneras de hacer el trabajo. Hace mucho tiempo, los agricultores cultivaban todos los alimentos para sus familias. Hacían el trabajo a mano. Luego hacían trueques para obtener los bienes que no podían elaborar o cultivar. Cultivaban todos los alimentos que podían.

En la actualidad, los agricultores siguen cultivando todos los alimentos que pueden. La diferencia es que cultivan mucha más cantidad de alimentos que en el pasado. Esto se debe a que muchos agricultores se especializan. También usan la ciencia para poner a prueba el suelo y agregarle lo que cada cultivo necesita exactamente. Las máquinas, como la cosechadora de abajo, los ayudan a cultivar más cantidad de tierra.

Hoy en día hay muchos tipos más de trabajos especializados. Algunas personas dirigen negocios. Algunas aprenden un oficio artesanal, como la carpintería. Otras aprenden a operar máquinas especiales.

Tú también tienes un trabajo. Tu trabajo es ser estudiante. Estás aprendiendo muchas materias. Estás aprendiendo a trabajar con los demás y a resolver problemas. Haces proyectos en grupo. Todas esas destrezas te ayudarán a ser un buen estudiante.

Parte del trabajo agrícola que antes se hacía a mano ahora se hace con máquinas.

4. ⊙ **Comparar y contrastar Completa** el diagrama para comparar y contrastar la agricultura de tiempo atrás y la de la actualidad.

La agricultura de tiempo atrás   **La agricultura de la actualidad**

Ambos

¿Entiendes?

5. ⊙ **Idea principal y detalles Explica** qué significa la especialización. Luego **escribe** acerca de cómo se especializan en su trabajo dos personas de tu escuela.

a. La especialización significa

....

....

b. Dos personas de mi escuela que se especializan en su trabajo son

....

....

6. ❓ **Escribe** acerca de cómo usas la división del trabajo en tu casa.

mi Historia: Ideas

....

....

⬜ **¡Para!** Necesito ayuda ....

⏸ **¡Espera!** Tengo una pregunta ....

▶ **¡Sigue!** Ahora sé ....

Repaso y Evaluación

Satisfacer nuestras necesidades y nuestros deseos

1. **Lee** la lista de artículos de abajo. **Encierra** en un círculo los artículos que son necesidades. **Subraya** los artículos que son deseos.

vivienda	alimentos	boleto de cine
pelota de básquetbol	juego	ropa
loro	agua	libro

2. **Rellena** el círculo de la respuesta correcta.

   ¿Cuál de las siguientes opciones significa "el valor que tiene algo que dejas cuando escoges otra cosa"?

   ○ escasez

   ○ abundancia

   ○ costo de oportunidad

   ○ dinero

Los productores y los consumidores

3. **Explica** cómo podrías ser productor y consumidor a la vez.

   ....

   ....

   ....

Intercambiar bienes y servicios

4. Rellena el círculo de la respuesta correcta.

¿Qué ocurre la mayoría de las veces cuando baja la oferta de algo?

○ El precio baja.

○ El precio sube.

○ El precio queda igual.

○ El precio cambia una y otra vez.

5. ⊙ **Idea principal y detalles Escribe** dos detalles que apoyen la idea principal.

Idea principal: Hay dos maneras principales en las que los países comercian productos.

Detalles:

....

....

....

Gastar y ahorrar

6. Describe qué pueden hacer las personas para saber cómo gastar y ahorrar.

....

....

....

Lección 5

Diferentes tipos de trabajos

7. Escribe cómo pueden usar la especialización los miembros de una familia para hacer las tareas de la casa.

....

....

....

....

....

....

8. Haz un dibujo que muestre cómo tú y un compañero podrían ordenar el salón de clase usando la división del trabajo.

 my Story Book

Conéctate en línea para escribir
e ilustrar tu **myStory Book** usando
miHistoria: Ideas de este capítulo.

 ¿Cómo obtienen las personas lo que necesitan?

Cada persona tiene necesidades y deseos. A menudo compra cosas para satisfacer esas necesidades y esos deseos. Antes de comprar algo, tiene que tomar decisiones. Es común que tenga que trabajar con otras personas para obtener lo que necesita.

Piensa en alguna vez en la que hayas comprado un bien o un servicio. **Escribe** acerca de lo que compraste y cómo lo decidiste.

....

....

....

Haz un dibujo de personas que trabajan juntas como productoras para hacer algo que tu comunidad necesita.

Mientras estás en línea, dale un vistazo a **myStory Current Events,** donde puedes crear tu propio libro sobre un tema de actualidad.

Las celebraciones de nuestras comunidades

¿Cómo se comparte la cultura?

Describe lo que te gusta comer, la ropa que te gusta usar y lo que te gusta hacer en tu comunidad.

Joseph Bruchac
Cuentista

mi Historia: Video

Cuando Joseph Bruchac era niño, vivía con sus abuelos en las montañas de Nueva York. Su abuela tenía libros por toda la casa. Su abuelo era un indígena americano abenaki. Le enseñó a Bruchac a explorar el bosque y a pescar. Cuando Joseph se equivocaba, su abuelo no se enojaba con él. En cambio, le hablaba y lo ayudaba a aprender de sus propios errores. Más tarde, Bruchac aprendió que esa manera de enseñar era parte importante del modo de vida abenaki.

Los abuelos de Bruchac tenían una tienda local llamada Bowman's. Cada vez que podía, Bruchac ayudaba a sus abuelos en la tienda. En invierno, se sentaba junto a la estufa de leña a oír los cuentos que contaban los granjeros y otros clientes. Así fue como se aficionó a los libros y a contar cuentos. También le gustaba escribir sus propios cuentos. Desde niño ya escribía poemas.

Joseph Bruchac tituló uno de sus libros Bowman's Store, *como la tienda de sus abuelos.*

Joseph Bruchac y Chinua Achebe hablaron sobre cómo escribir acerca de sus culturas.

Bruchac oía las historias que le contaban sobre los abenakis.

Años más tarde, Bruchac conoció a un escritor llamado Chinua Achebe. Era de Nigeria, un país de África. Achebe le dijo que se hizo escritor para poder contar la historia de su pueblo, los igbos. Había leído relatos sobre los igbos escritos por personas que no entendían esta cultura. Achebe quería contarle al mundo cosas de su cultura desde el punto de vista de su propio pueblo.

Bruchac comprendió los sentimientos de Achebe. Había oído relatos acerca de su propio pueblo, los abenakis, cuando visitaba a sus amigos y familiares abenakis. Bruchac comenzó a anotar los relatos que eran importantes para él y para la cultura abenaki.

Contar cuentos es parte importante del modo de vida abenaki. No solo se cuentan para entretener, sino para enseñar. Los que oyen el cuento aprenden que es importante ser amables con los demás, cuidar las plantas y los animales, y compartir.

Joseph Bruchac comparte cuentos y canciones abenakis con los niños de las escuelas que visita.

Bruchac trabaja de escritor. Ha escrito libros para niños y para adultos.

Bruchac y su familia cantan canciones y cuentan cuentos acerca de los abenakis.

Los cuentos también se usan para enseñar a los niños a comportarse bien. En el pueblo abenaki, los adultos no les hablan a los niños con dureza. Si un niño se porta mal, le cuentan un cuento para mostrarle la forma correcta de actuar. En algunos cuentos aparece un mapache que siempre se porta mal. En otros, aparece un líder sabio. Para el pueblo abenaki, contar cuentos es la mejor forma de enseñar. Bruchac lo explica de la siguiente manera:

"Un cuento se queda en el corazón de un niño y lo ayuda a ser fuerte y honesto cuando crece".

Bruchac vive actualmente en Nueva York, en la misma casa donde se crió. Ha escrito más de 70 libros y viaja por todo el mundo como cuentista. Bruchac también toca música. Él, sus dos hijos y su hermana forman un grupo musical llamado "Dawnland Singers". Juntos, tocan música y cuentan cuentos del pueblo abenaki.

Piénsalo Según esta historia, ¿por qué crees que los abenakis cuentan cuentos como un modo de enseñar su cultura a los demás? A medida que lees el capítulo, piensa por qué era importante para Joseph Bruchac compartir su cultura.

La gente y las culturas

¡Imagínalo!

Compara la aldea indígena americana de arriba con la ciudad europea de la derecha.

En la actualidad, los Estados Unidos son una nación de muchas culturas diferentes. La cultura incluye el idioma que hablan los habitantes, la religión que practican, los días feriados que celebran, la ropa que usan y los alimentos que comen. Las personas que comparten una cultura parecida a menudo viven cerca unas de otras, en una **región cultural.** En los Estados Unidos hay muchas regiones culturales.

Regiones culturales

Cada región cultural está determinada por las primeras personas que se establecieron allí. Por ejemplo, hace mucho tiempo vivían grupos de indígenas en América del Norte y América del Sur. Luego, en los siglos xv y xvi, llegaron exploradores europeos de España, Francia e Inglaterra. Ellos llevaron sus propias culturas a los territorios que exploraron. Sus culturas eran muy diferentes a las de los indígenas con los que se encontraron.

Asentamientos en América del Norte, 1700–1750

0 800 mi
0 800 km

Río San Lorenzo

Nueva Francia

Nez percé

Mandanas

Iroqueses
Miamis

Pomos Shoshones

Pawnees

Nueva España Hopis

Luisiana

Navajós

Comanches

Río Mississippi

Trece colonias

OCÉANO ATLÁNTICO

Río Grande

Calusa

Golfo de México

Mar Caribe

LEYENDA
- Ingleses
- Franceses
- Españoles
- *Hopis* Grupo indígena

Aprenderé de qué modo las personas y el clima le dan forma a la cultura.

Vocabulario

región cultural
recreación

Encierra en un círculo las viviendas de los dos lugares. Comenta en qué se diferencian.

En poco tiempo, llegaron más europeos a establecerse en los nuevos territorios hallados por los exploradores. El mapa muestra los lugares de América del Norte donde se establecieron los europeos. Los colonos europeos y los indígenas a menudo vivían cerca unos de otros. Cada grupo aprendió algo de la cultura del otro. Por ejemplo, en Jamestown, Virginia, los indígenas les enseñaron a los pobladores ingleses nuevas maneras de sembrar cultivos. Los pobladores ingleses les enseñaron a los indígenas a usar las herramientas traídas de Europa.

Muchos lugares de América del Norte y América del Sur fueron poblados por europeos hace cientos de años. Estos lugares aún conservan parte de la cultura que trajeron los europeos.

1. **Explica** cómo ayudaron los indígenas a los pobladores ingleses en Jamestown, Virginia.

....

....

....

Los españoles trajeron de Europa su forma de construir viviendas y edificios, como los que se ven en la foto, en Toledo.

La pesca es común en el mar Caribe. Los peces son un valioso recurso natural del Caribe.

Culturas de climas cálidos y fríos

¿Sabías que el clima puede darle forma a una región cultural? El clima influye en el tipo de viviendas que construyen los habitantes, sus formas de recreación, los alimentos que comen y la ropa que usan. La **recreación** es una manera de disfrutar el tiempo libre.

Las personas que viven en climas cálidos, como el clima tropical de América Central, suelen construir viviendas que los ayudan a estar frescos. Pueden construir casas a la sombra o con potentes aparatos de aire acondicionado. En climas fríos, las casas se construyen de modo que mantengan el calor. Algunas tienen ventanas grandes que dejan pasar la luz solar.

El clima también influye en la recreación. Las personas que viven en climas cálidos y cerca del agua pueden nadar, pescar o pasear en barco varios meses del año. En climas fríos, el agua puede estar congelada durante varios meses.

En los climas fríos, no siempre es fácil pescar. Estos niños están pescando a través del hielo en un lago congelado de Vermont.

Lo que vayas a cenar esta noche también puede depender del clima. Por ejemplo, si vives en clima templado y cerca de un suelo fértil, quizá cultives tus propias verduras y frutas. Si vives cerca de la costa, podrías comer pescado fresco. Hoy en día, los alimentos de cualquier parte del mundo se pueden llevar a otra región en avión, barco o camión. Sin embargo, muchas personas aún comen alimentos que pueden cultivar o encontrar en su propia región.

El clima también ayuda a la gente a escoger el tipo de ropa. En los climas cálidos del sureste de los Estados Unidos, se usa ropa ligera. La gente se pone cosas como pantalones cortos, camisas de manga corta y sombreros para protegerse del sol. También usan sandalias para tener los pies frescos.

En los climas fríos, como en algunas partes del Canadá, hay que abrigarse bien. La gente usa capas de ropa debajo de abrigos gruesos. Se ponen guantes en las manos y se cubren la cabeza con sombreros gruesos. Los lugares de clima frío a menudo están húmedos por la nieve. Hay que usar botas para tener los pies abrigados y secos.

2. Escribe tres maneras en las que el clima influye en una región cultural.

....

....

En México, la gente hace y vende ropa apropiada para el clima cálido de la región.

271

Climas y culturas del mundo

En el Tíbet y en Egipto, el clima influye en la cultura de sus habitantes. El Tíbet es una región cultural de Asia. Egipto es un país de África. El clima del Tíbet generalmente es frío y muchas veces seco. En Egipto, el clima es cálido y seco. De hecho, ¡Egipto es el país del mundo donde menos llueve!

Los habitantes del Tíbet viven en una meseta. Una de las montañas que rodean la meseta es el monte Everest, ¡la montaña más alta del mundo! La mayor parte de la meseta está cubierta de pastizales. Muchos habitantes del Tíbet crían animales, como ovejas y yaks, que usan de diferentes maneras. Con la leche que dan estos animales, hacen queso y mantequilla. En algunos lugares, la gente vive en tiendas hechas con el grueso pelo del yak. Este tipo de pelo ayuda a mantener el calor dentro de las tiendas.

En Egipto, la mayoría de las personas viven cerca del río Nilo. De allí obtienen agua para beber, bañarse y regar los cultivos. Como la mayor parte del territorio es desierto, muchas personas que no viven cerca del río también dependen de él para obtener agua. Sacan agua del río Nilo para cultivar o para criar animales, como cabras, ovejas o camellos. Muchas personas hacen sus casas con recursos que encuentran cerca, como ladrillos de barro y paja. En las noches calurosas, la gente duerme en los techos planos de las casas para refrescarse un poco.

El Tíbet

Egipto

3. ⊙ **Comparar y contrastar Explica** una manera en que se parecen y una manera en que se diferencian las culturas del Tíbet y de Egipto.

....

....

....

....

¿Entiendes?

4. ⊙ **Comparar y contrastar Completa** la tabla con ejemplos de ropa, recreación y viviendas que pueden encontrarse en climas cálidos y en climas fríos.

	Clima cálido	Clima frío
Ropa		
Recreación		
Viviendas		

5. ❓ **Escribe** si vives en un lugar de clima frío o de clima cálido. Luego **describe** qué te gusta de cómo el clima influye en tu modo vida.

mi Historia: Ideas

....

....

....

⬜ **¡Para!** Necesito ayuda ....

❚❚ **¡Espera!** Tengo una pregunta ....

▶ **¡Sigue!** Ahora sé ....

Comparar y contrastar

Cuando comparas dos cosas, dices en qué se parecen. Cuando contrastas dos cosas, dices en qué se diferencian. Los escritores usan palabras como claves para mostrar los parecidos, o semejanzas, y las diferencias. Las palabras y frases como *ambos, al igual que, parecido* o *en común* muestran cosas que se parecen. Las palabras y frases como *en cambio, diferente, pero* y *sin embargo* muestran cosas que son diferentes.

Un diagrama te puede servir para comparar y contrastar la información que lees. Lee el párrafo de abajo acerca de Jenn y Owen. Luego lee el diagrama para ver en qué se parecen y en qué se diferencian.

Jenn vive en la Florida. Owen vive en Alaska. Ambos viven en los Estados Unidos, pero el clima de cada estado es muy diferente. Jenn vive en un lugar de clima cálido. Puede usar pantalones cortos casi todo el año. En cambio, Owen vive en un lugar de clima frío. Se abriga con ropa gruesa.

Jenn

Owen

Ambos

- Vive en la Florida.
- Vive en un clima cálido.
- Usa pantalones cortos casi todo el año.

Viven en los EE. UU.

- Vive en Alaska.
- Vive en un clima frío.
- Se abriga con ropa gruesa.

¡Inténtalo!

Lee acerca de las tormentas que han vivido Jenn y Owen. Luego **completa** el diagrama con las semejanzas y diferencias.

Jenn y Owen han visto tormentas muy fuertes por donde viven. En la Florida hay huracanes. Durante un huracán, hay vientos fuertes y lluvias intensas. Cuando llega un huracán, a menudo se cierran las escuelas. Jenn tiene que quedarse en casa con su familia. Ponen protectores en las ventanas para evitar que se rompan. Se quedan adentro hasta que pasa el huracán.

En cambio, en Alaska hay ventiscas. Durante una ventisca, hay vientos fuertes y largos períodos de nevadas. Se cierran las escuelas. Antes de que empiece una tormenta, Owen y su familia juntan mucha leña para la chimenea. Al igual que Jenn, Owen se queda en casa con su familia hasta que pasa la tormenta. Las ventiscas y los huracanes se parecen en que ambos hacen caer árboles y cables de electricidad.

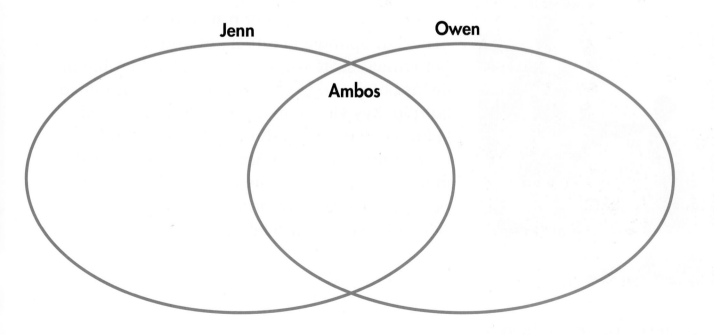

Jenn   Owen

Ambos

La cultura a través del arte

¡Imagínalo!

Escribe lo que ves en esta pintura que muestra cómo era la vida agrícola hace mucho tiempo.

A través del arte, puedes aprender mucho sobre una cultura. Mucha gente piensa que el **arte** es solamente pinturas y esculturas, pero el arte también incluye canciones, cuentos y danzas.

Canciones y cultura

Las personas escriben y cantan canciones por muy distintas razones. Hay canciones basadas en pensamientos y experiencias personales. Otras canciones hablan de una persona o de un lugar. Hasta hay canciones que dan detalles sobre las cosas que se pueden ver o hacer en un lugar.

Otras canciones cuentan sucesos importantes. "The Star-Spangled Banner" es una canción escrita por Francis Scott Key. La canción habla sobre una de las batallas de la Guerra de 1812. Durante la batalla, Key vio cómo los británicos bombardeaban el fuerte McHenry, en Baltimore, Maryland.

Durante la noche, mientras oía los ruidos de la batalla, Key temía que los estadounidenses no pudieran vencer a los británicos. A la mañana siguiente, Key se puso feliz al ver que la bandera estadounidense aún ondeaba sobre el fuerte. Los estadounidenses no habían sido derrotados.

En esta pintura, Francis Scott Key mira el fuerte McHenry a la distancia.

Aprenderé cómo
las personas comparten la
cultura a través del arte.

Vocabulario
....

arte   héroe
himno   símbolo
historia oral
cuento folclórico

"The Star-Spangled Banner" se volvió una canción popular y, con el tiempo, llegó a ser el himno nacional del país. Un **himno** es una canción de lealtad hacia una nación. En la canción, Key dice lo orgulloso que se sintió al ver que la bandera estadounidense todavía ondeaba sobre el fuerte:

Oh, say can you see by the dawn's early light
What so proudly we hailed at the twilight's last
gleaming?
Whose broad stripes and bright stars through the
perilous fight,
O'er the ramparts we watched were so
gallantly streaming?

En todo el mundo, las personas celebran el orgullo que sienten por su país cuando cantan el himno nacional. Este tipo de himno se suele cantar y tocar en sucesos y celebraciones importantes.

1. **Escribe** por qué Francis Scott Key escribió "The Star-Spangled Banner".

....

....

En 1931, "The Star-Spangled Banner" llegó a ser el himno nacional de los Estados Unidos.

Cuentos y cultura

En distintas partes del mundo, la gente cuenta cuentos para compartir su historia, sus ideas y las cosas que le parecen importantes. Algunos cuentos son escritos, mientras que otros son hablados. Los cuentos que solamente son hablados se llaman **historias orales.** Sea cual sea el modo de contarlos, los cuentos nos ayudan a aprender acerca de las culturas.

En el suroeste de los Estados Unidos, se cuenta un cuento folclórico acerca de un vaquero llamado Pecos Bill. Un **cuento folclórico** es una historia de ficción, es decir, inventada, que pasa de una generación a otra por tradición.

Uno de los cuentos más famosos sobre este personaje relata cómo Pecos Bill venció a un tornado. En el cuento, un peligroso tornado azota Oklahoma, Nuevo México y Texas. Pecos Bill lo atrapa con su lazo de vaquero. Luego, monta el tornado como si fuera un caballo y recorre el estado de Texas. Cuando el tornado por fin se cansa, Pecos Bill se baja.

En la actualidad, mucha gente piensa que Pecos Bill es un héroe de los Estados Unidos. Un **héroe** es una persona que sirve de modelo a los demás. Los cuentos folclóricos de Pecos Bill se relatan para enseñar a la gente a ser valiente y ayudar a los demás. Estas son cualidades que muchos estadounidenses admiran.

2. **Subraya** la razón por la que las personas cuentan cuentos folclóricos sobre Pecos Bill.

Los cuentos de Pecos Bill son parte de la cultura estadounidense.

Esculturas, pinturas y cultura

Observar el arte es otra manera de aprender acerca de las diferentes culturas. Algunos artistas crean obras de arte con recursos naturales que son importantes para su cultura. Usan tierra del suelo para hacer arcilla, o piedra para tallar esculturas. En las colinas Black, de Dakota del Sur, hay una gran montaña. Algunos artistas y otras personas están tallando en la roca la imagen del líder indígena americano Caballo Loco. Cuando se termine de hacer, ¡la escultura medirá más de 600 pies de largo y aproximadamente 560 pies de alto!

Algunos artistas muestran detalles de su cultura en las pinturas. A veces incluyen símbolos para ayudar a contar una historia. Un **símbolo** es una imagen que representa una idea. Hay artistas que muestran símbolos importantes para su país. Algunos artistas de los Estados Unidos incluyen la bandera estadounidense o la Estatua de la Libertad en sus pinturas.

Monumento a Caballo Loco

3. ◉ **Sacar conclusiones** **Escribe** por qué algunos artistas de los Estados Unidos podrían incluir la bandera estadounidense en sus pinturas.

....

....

....

....

....

Childe Hassam, un artista estadounidense, muestra la bandera de los Estados Unidos en su pintura.

Danza y cultura

La danza es parte importante de la cultura de un grupo. El hula-hula es una danza muy antigua de Hawái. Antes, solo se bailaba para jefes, reyes o reinas. En la danza del hula-hula, los bailarines hacían movimientos suaves y ondulantes con los brazos y las caderas. Usaban trajes hechos con recursos locales de importancia para el pueblo. Por ejemplo, con las flores de la isla se hacían unos collares llamados *leis*. En la actualidad, el hula-hula se baila para todo tipo de públicos.

Bailarinas de hula-hula

En las zonas cercanas a los montes Apalaches, en la parte este de los Estados Unidos, se bailan danzas folclóricas. Las danzas folclóricas son danzas que pasan de una generación a otra. La danza del cuadrado es un tipo de danza folclórica. Los bailarines se paran formando un "cuadrado". Cada lado del cuadrado está formado por dos personas. Los bailarines oyen las instrucciones que da el cantante sobre cómo deben moverse. Por ejemplo, el cantante podría pedirles que se muevan en círculo. Hay varios tipos de movimientos. Los bailarines casi nunca saben cuál será el siguiente movimiento.

Bailarinas de ballet

En el ballet, los bailarines hacen movimientos suaves. Pueden saltar, girar o bailar con las puntas de los pies. Muchos bailarines de ballet usan trajes especiales y zapatillas de punta. Los bailarines de ballet rusos son muy conocidos en todo el mundo. En Francia y en Rusia, el ballet al principio solo se bailaba para reyes y reinas. Hoy en día, las personas de todo el mundo pueden ver un espectáculo de ballet.

4. ⊙ **Comparar y contrastar Completa** el diagrama
para comparar la danza del hula-hula y el ballet.

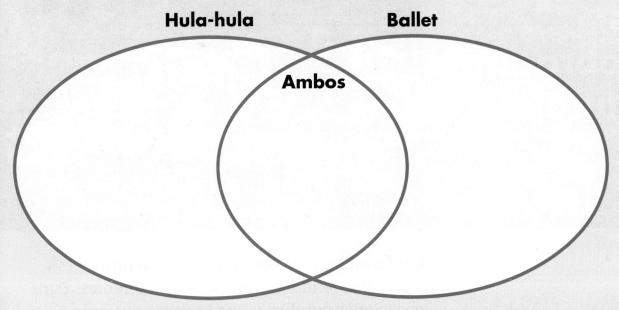

Hula-hula   **Ballet**

Ambos

5. ⊙ **Comparar y contrastar Piensa** en cada uno de los tipos de arte que se
describen en esta lección. Luego **explica** en qué se parecen todos.

....

....

6. ❓ **Describe** algunos de los tipos de arte que puedes
encontrar en tu comunidad. **Explica** qué te dicen
acerca de la cultura de tu comunidad.

mi Historia: Ideas

....

....

....

....

⬛ **¡Para!** Necesito ayuda ....

⏸ **¡Espera!** Tengo una pregunta ....

▶ **¡Sigue!** Ahora sé ....

Las celebraciones culturales

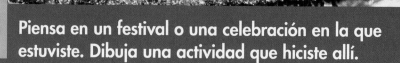

Piensa en un festival o una celebración en la que estuviste. Dibuja una actividad que hiciste allí.

Las familias y las comunidades celebran muchos días feriados y tradiciones diferentes. Estas celebraciones ayudan a que la gente recuerde a personas o sucesos importantes.

La cultura a través de las tradiciones

En los días feriados, la gente suele seguir diferentes tradiciones. Las personas de una cultura aprenden esas tradiciones de los familiares de más edad o de los habitantes de la comunidad. Todos los años, esas tradiciones forman parte del día feriado.

Las tradiciones pueden incluir comidas especiales, como el pavo en el Día de Acción de Gracias. Otras tradiciones incluyen ciertas actividades, como ver los fuegos artificiales en el Día de la Independencia. En algunos feriados es tradicional usar un determinado color. En el Día de San Patricio muchas personas se visten de verde.

Una celebración del Día de la Independencia.

Aprenderé cómo las personas comparten su cultura a través de las celebraciones.

Vocabulario

sitio de interés
cosecha

Días para honrar a los líderes

Algunos días feriados se celebran en honor a una persona. Martin Luther King, Jr. fue un líder importante. Luchó para que los afroamericanos tuvieran los mismos derechos civiles que otros estadounidenses. Martin Luther King, Jr. quería lograr un cambio en forma pacífica, sin usar la fuerza. En enero se celebra el Día de Martin Luther King, Jr. para honrar la vida de este líder. También hay estatuas en su honor.

King seguía las ideas de Mohandas Gandhi, de la India. Gandhi estaba en contra de la violencia. Trabajó para lograr un cambio en la India, su tierra natal. Usó medios pacíficos que no lastimaban a nadie. En la India se celebra el nacimiento de Gandhi el 2 de octubre. Ese día, la gente no va a la escuela ni a trabajar. Las familias se dedican a hacer trabajos o servicios en bien de los demás.

1. ◉ **Comparar y contrastar** **Subraya** las oraciones que muestran en qué se parecían Martin Luther King, Jr. y Mohandas Gandhi.

Esta estatua de Martin Luther King, Jr. se encuentra en Texas.

Celebrar la independencia

El 4 de julio se celebra el Día de la Independencia en los Estados Unidos. Muchos estadounidenses celebran este día feriado con su familia y sus amigos. Organizan desfiles y se reúnen para hacer picnics y ver los fuegos artificiales.

Muchos símbolos y sitios de interés de los Estados Unidos forman parte de las celebraciones del Día de la Independencia. Un **sitio de interés** es un edificio u otra estructura de importancia para una cultura. La gente se reúne en los sitios de interés, como la Estatua de la Libertad en Nueva York y la Campana de la Libertad en Filadelfia. También hacen ondear la bandera estadounidense y la izan frente a sus casas y negocios. Otra tradición es usar ropa de color rojo, blanco y azul.

Muchos otros países también celebran su independencia. La India celebra el 15 de agosto su independencia del gobierno británico. La gente hace volar cometas de colores y va a ceremonias donde se iza la bandera del país. El primer ministro, o líder del gobierno de la India, habla de los logros del pueblo indio durante el año.

En la India se celebra la independencia de Gran Bretaña.

284

El Brasil celebra su independencia de Portugal el 7 de septiembre. Al igual que la gente de los Estados Unidos, los brasileños celebran su independencia con desfiles y fuegos artificiales. También izan la bandera del Brasil.

En México, hay dos celebraciones por la libertad. El 16 de septiembre los mexicanos celebran su independencia del gobierno español. Como parte de la celebración, hay un desfile que pasa por un monumento a Miguel Hidalgo y Costilla. Hidalgo fue un cura católico cuyo famoso grito de batalla marcó el comienzo de la Guerra de Independencia mexicana en 1810.

El 5 de mayo se celebra en México y en los Estados Unidos la victoria de México contra las tropas francesas. Este día feriado se llama Cinco de Mayo. Se celebra con desfiles, música y danzas.

Los vestidos coloridos y la comida mexicana forman parte de muchas celebraciones del Cinco de Mayo.

2. **Completa** la tabla de abajo con información sobre las celebraciones de la independencia en la India y en México.

Las celebraciones de la independencia

India - 15 de agosto	México - 5 de mayo

Celebraciones de cosechas

En muchas culturas se celebran las buenas cosechas. Una **cosecha** es la recolección de cultivos al final de la temporada de cultivo. En los Estados Unidos, hay festivales para celebrar la cosecha de maíz, la cosecha de arándanos rojos y hasta la cosecha de fresas.

En el Japón, hay una celebración que se hace para tener una buena cosecha de arroz. Durante la celebración se plantan en los campos las plántulas de arroz. A lo largo del día, la gente canta y baila para celebrar. Más tarde en el año, hay otra celebración para agradecer por la cosecha de arroz.

Algunos días feriados comenzaron como celebraciones de cosechas, pero ahora se celebran por otras razones. El primer Día de Acción de Gracias fue una celebración de cosecha. Colonos ingleses llamados peregrinos se reunieron con indígenas americanos para celebrar y agradecer la cosecha. En la actualidad, el Día de Acción de Gracias se celebra en noviembre. Las familias y los amigos se reúnen para comer platos especiales y dar gracias por lo que tienen.

En el Japón, la gente planta arroz en una celebración de la cosecha.

286

En algunos países de África se celebra el Kwanzaa, que está basado en un festival de cosechas. En los Estados Unidos y en algunos países de América Central, los afroamericanos celebran el Kwanzaa para honrar valores importantes.

3. **Subraya** las celebraciones de cosechas que se hacen en los Estados Unidos.

En el Kwanzaa, las familias encienden velas y comparten sus valores.

¿Entiendes?

4. ◉ **Comparar y contrastar Escoge** dos celebraciones de la independencia sobre las que leíste. **Escribe** en qué se parecen y **explica** en qué se diferencian.

....

....

....

....

5. ? **Escribe** acerca de una celebración cultural que compartes con tu comunidad.

mi Historia: Ideas

....

....

....

□ **¡Para!** Necesito ayuda ....

‖ **¡Espera!** Tengo una pregunta ....

▷ **¡Sigue!** Ahora sé ....

La diversidad de nuestra nación

¡Imagínalo!

Escribe qué puedes aprender de tus compañeros de clase sobre otras culturas.

En los Estados Unidos vive gente de todo el mundo. Algunas personas han llegado en busca de un nuevo trabajo. Otras, en busca de libertad. Como ha llegado gente de tantos países, en cada región de los Estados Unidos hay gran diversidad. **Diversidad** significa que hay muchas diferencias entre las personas. Hay diversidad en los trabajos, en las escuelas y en las comunidades. Esa diversidad permite que la gente de cada región tenga amigos de distintas culturas.

Susan, de Seattle, Washington

En Seattle vive gente de todo el mundo.

Susan vive con su familia en Seattle, Washington, en la región Oeste de los Estados Unidos. Sus **ancestros**, es decir, familiares que vivieron hace mucho tiempo, llegaron a Seattle del Japón. Vinieron a los Estados Unidos en el siglo XIX en busca de oro. Susan vive en el centro de Seattle. Su casa queda en el área urbana que muchos llaman el Distrito Internacional.

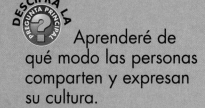

Aprenderé de qué modo las personas comparten y expresan su cultura.

Vocabulario

diversidad
ancestro
pow wow

En el Distrito Internacional hay personas del Japón, de China y de muchas otras partes del mundo. Susan va con su mamá a una tienda cercana a comprar arroz y especias de Asia. Las usan para preparar comidas tradicionales del Japón. Muchas de esas comidas llevan arroz y verduras.

En su casa, Susan habla japonés con sus padres y con su abuela. En la escuela, habla inglés como el resto de sus compañeros. A Susan le gusta jugar con sus amigos y cuidar el jardín de su casa. Uno de sus lugares favoritos es el Jardín Japonés de Seattle. Este jardín le recuerda los cerezos que vio en su último viaje al Japón. En el Japón la gente celebra cada vez que florecen los cerezos.

1. **Escribe** lo que Susan hace en su casa para mostrar o demostrar su cultura japonesa.

   ....

   ....

   ....

Susan lee en el jardín.

Charlie, de la nación comanche

Charlie vive en el Suroeste de los Estados Unidos. Charlie y su familia son indígenas comanches. Sus ancestros han vivido en la misma tierra por cientos de años. En la actualidad, parte del territorio de Oklahoma está reservado para los comanches. Esto significa que este territorio siempre pertenecerá a los comanches.

Charlie y su familia van a reuniones llamadas **pow wows.** En las *pow wows,* Charlie y su familia cantan y bailan. Se encuentran con otros indígenas para celebrar sus culturas.

A Charlie y su familia les gusta ir a las pow wows.

Manuel, de Chicago, Illinois

Manuel es de Chicago, Illinois. Chicago es una ciudad ubicada en el Medio Oeste de los Estados Unidos. Manuel vive en una parte de Chicago donde se han establecido muchas personas de México, América Central y América del Sur. En ese vecindario, casi todos hablan español en casa.

La familia de Manuel se mudó de México a Chicago hace tres años. Vinieron en busca de una vida mejor. Hoy en día, muchos familiares de Manuel viven en su mismo vecindario. Todos los domingos van a una iglesia católica porque la religión es parte importante de su cultura.

2. ◉ **Idea principal y detalles**
   Subraya las características de las culturas de Manuel y de Charlie.

Manuel habla español con su familia, pero en la escuela habla inglés.

Sam, de Long Island, Nueva York

Sam vive en una granja de Long Island, en el Noreste de los Estados Unidos. Los ancestros de Sam vinieron de Italia. Viajaron en barco y llegaron a la isla Ellis en la década de 1880. La isla Ellis era un centro por el que pasaban los recién llegados antes de poder entrar a los Estados Unidos. Los ancestros de Sam se mudaron a Long Island para trabajar como agricultores. En la actualidad, Sam vive en la misma granja en la que sus ancestros vivieron.

Desde que Sam aprendió a hablar, sus padres le enseñaron italiano. Querían que pudiera hablar con los familiares que aún viven en Italia. En la casa de Sam, también cantan muchas canciones italianas que sus padres aprendieron de niños.

Sam ayuda a su papá a vender los cultivos en el mercado agrícola local.

Para la familia de Sam, es importante comer juntos. Todos los fines de semana se reúnen para disfrutar de un gran almuerzo al mediodía. La abuela de Sam prepara muchos platos italianos. ¡El favorito de Sam son los raviolis! A Sam le encanta ayudar a su abuela a amasar y hacer los fideos.

3. 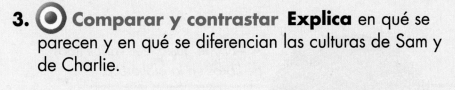 **Comparar y contrastar Explica** en qué se parecen y en qué se diferencian las culturas de Sam y de Charlie.

....

....

....

....

....

Abby, de Atlanta, Georgia

Abby vive en Atlanta, en el Sureste de los Estados Unidos. Atlanta es la ciudad más grande de Georgia. Además, es una ciudad con gran diversidad.

Abby es afroamericana. A sus ancestros los llevaron a Georgia desde África occidental. Los obligaban a trabajar sin salario en grandes granjas llamadas plantaciones. Después de la Guerra Civil, los ancestros de Abby fueron liberados y comenzaron a cultivar su propia tierra.

En la actualidad, el padre de Abby trabaja en la biblioteca pública. Ayuda a otros a aprender acerca de la historia de la ciudad y la historia de los afroamericanos. Cuando el padre de Abby era niño, su familia comenzó a celebrar el Kwanzaa. Hoy en día, la familia de Abby continúa con esta tradición. Durante el Kwanzaa, a Abby le gusta hablar de los siete símbolos y de los valores que son parte de la celebración.

4. **Escribe** cómo sabes que los ancestros de Abby son importantes para su familia.

....

....

....

....

A Abby le gusta leer varios tipos de libros en la biblioteca.

5. ◉ **Comparar y contrastar Repasa** la información acerca de Manuel y Susan que leíste en esta lección. **Completa** el diagrama para comparar y contrastar sus culturas.

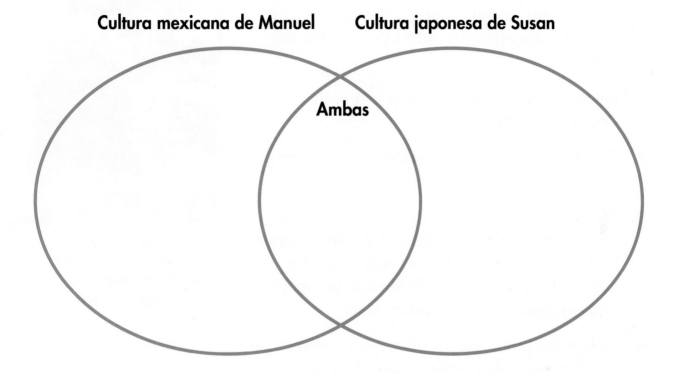

Cultura mexicana de Manuel   Cultura japonesa de Susan

Ambas

6. ❓ **Describe** una manera en la que tu comunidad muestra su diversidad.

mi Historia: Ideas

....

....

....

....

⬜ **¡Para!** Necesito ayuda ....

⏸ **¡Espera!** Tengo una pregunta ....

▶ **¡Sigue!** Ahora sé ....

Investigación

Cuando investigas un tema, aprendes más acerca del tema. Puedes usar esa información para escribir un trabajo sobre lo que aprendiste.

Sigue estas sugerencias para investigar sobre un tema.

1. Limita el tema, es decir, escoge una parte pequeña del tema.

2. Decide qué tipo de información deseas hallar sobre el tema.

3. Escoge por lo menos dos fuentes que te sirvan para hallar la información que necesitas. Puedes usar fuentes impresas, fuentes tecnológicas o fuentes de la comunidad. En la tabla de abajo verás ejemplos de cada tipo de fuente.

4. Escoge imágenes relacionadas con tu tema y que muestren más información acerca del tema.

Este estudiante usa una fuente impresa para investigar un tema.

Fuentes de información		
Fuentes impresas	**Fuentes tecnológicas**	**Fuentes de la comunidad**
libro	Internet	miembros de la comunidad que brindan información útil
diccionario	CD-ROM	centro histórico
atlas	programa de televisión	museo
enciclopedia	programa de radio	
almanaque		
artículo de revista		

¡Inténtalo!

Imagina que estás investigando los días feriados nacionales. **Responde** las preguntas de abajo acerca de cómo podrías hacer tu investigación.

Tema: Los días feriados nacionales

1. Primero, debes limitar el tema. **Escribe** un día feriado nacional sobre el que te gustaría investigar.

   ....

   ....

2. **Explica** qué tipo de información deseas hallar acerca del día feriado.

   ....

   ....

3. **Escribe** dos fuentes que podrías usar para aprender acerca del tema. **Di** qué tipo de fuente es cada una.

   ....

   ....

4. **Describe** las imágenes que podrías incluir en un trabajo sobre el tema.

   ....

   ....

   ....

5. **Usa** Internet para **hallar** información acerca del día feriado que escogiste. **Escribe** un hecho que encuentres.

   ....

   ....

Lección 1

La gente y las culturas

1. **Encierra** en un círculo la ilustración que muestra algo que podría usar una persona para divertirse en un lugar de clima frío.

Regadera

Tabla de surf

Trineo

Lección 2

La cultura a través del arte

2. **Escribe** dos tipos de arte que pueden expresar algo sobre una cultura.

....

....

3. **Explica** por qué muchas personas cantan un himno nacional.

....

....

4. **Escribe** dos maneras en las que se comparten los cuentos. Luego **explica** por qué es importante para una cultura contar cuentos.

....

....

....

....

Lección 3

Las celebraciones culturales

5. **Escribe** un ejemplo de una tradición muy común en los
   días feriados.

   ....

   ....

6. **Explica** cómo honran las personas a Martin Luther King, Jr.

   ....

   ....

   ....

7. ◉ **Comparar y contrastar** **Completa** el diagrama con
   detalles que indiquen las semejanzas y las diferencias entre
   las celebraciones de la independencia y las celebraciones
   de cosechas.

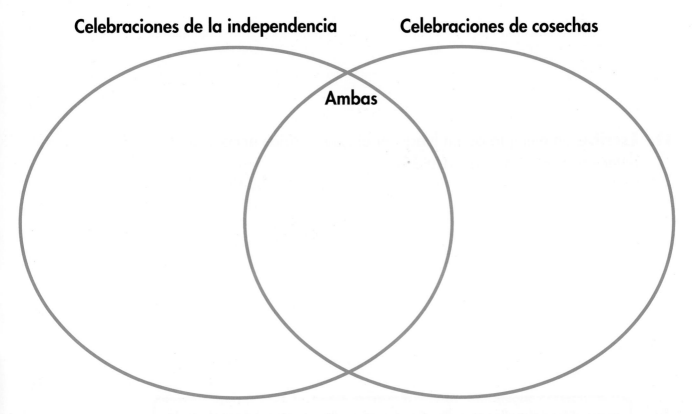

Celebraciones de la independencia   Celebraciones de cosechas

Ambas

Lección 4

La diversidad de nuestra nación

8. **Rellena** el círculo de la respuesta correcta.

   ¿Qué quiere decir que en nuestra nación hay diversidad?

   ○ Todas las personas son iguales.

   ○ Hay muchas diferencias entre las personas.

   ○ Todos se llevan bien con los demás.

   ○ Hay muchas celebraciones.

9. **Explica** qué es un ancestro.

   ....

   ....

10. **Describe** una manera en la que Abby, de Atlanta, Georgia, celebra su cultura.

    ....

    ....

    ....

11. **Escribe** un ejemplo de un lugar en el que podrías encontrar diversidad en los Estados Unidos.

    ....

    ....

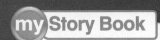

Conéctate en línea para escribir e ilustrar tu **myStory Book** usando **miHistoria: Ideas** de este capítulo.

 ## ¿Cómo se comparte la cultura?

Los Estados Unidos son una nación de gran diversidad. A través de la nación, la gente celebra y comparte su cultura de maneras muy diferentes.

Escribe tres maneras en las que las personas comparten su cultura con los demás.

....

....

....

....

....

....

Dibuja lo que más te gusta acerca de tu cultura.

Mientras estás en línea, dale un vistazo a **myStory Current Events,** donde puedes crear tu propio libro sobre un tema de actualidad.

Atlas

Estados Unidos de América: Mapa político

Washington
★ Olympia

★ Salem

Oregón

Montana
★ Helena

Dakota del Norte
★ Bismarck

★ Boise
Idaho

Wyoming

Dakota del Sur
Pierre ★

Carson City ★

Salt Lake City ★

Cheyenne ★

Nebraska

★ Sacramento

Nevada

Utah

Denver ★

Lincoln ★

California

Colorado

Topeka ★
Kansas

Arizona

Santa Fe ★

Oklahoma

★ Phoenix

Nuevo México

Oklahoma ★ City

Texas

★ Austin

Alaska

Juneau ★

Honolulu ★
Hawái

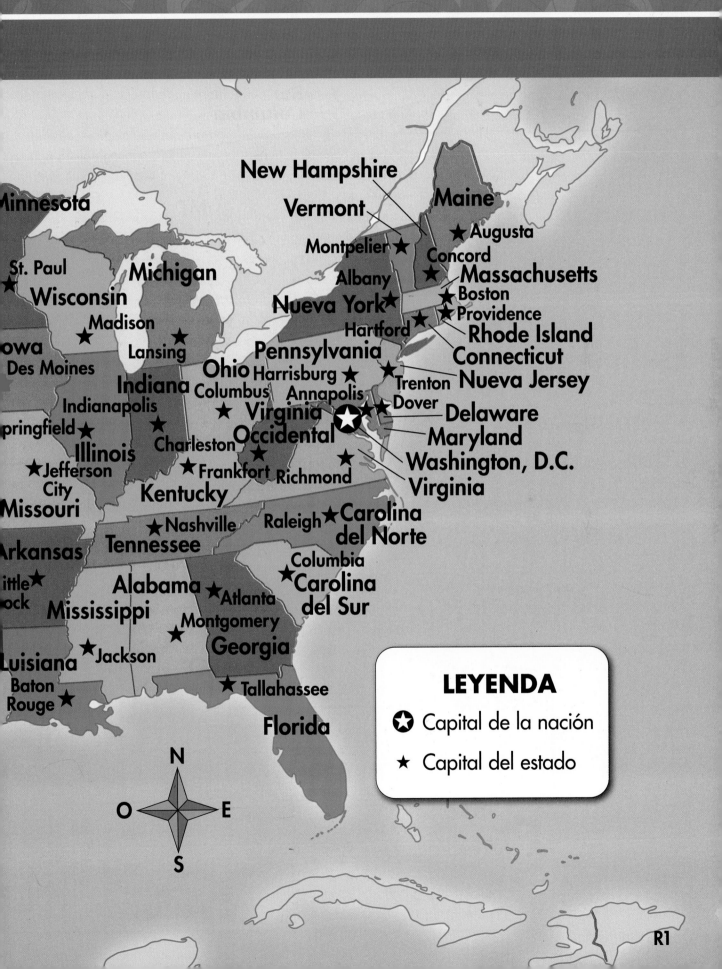

Minnesota

St. Paul ★

Wisconsin

Madison ★

Michigan

owa

Des Moines

Lansing ★

Indiana

Indianapolis ★

pringfield ★

Illinois

★ Jefferson
City

Missouri

Arkansas

ittle ★
ock

Luisiana

Baton
Rouge ★

Mississippi

★ Jackson

New Hampshire

Vermont

Montpelier ★

Albany
★

Nueva York ★

Hartford
★

Pennsylvania

Ohio   Harrisburg ★

Columbus   Annapolis
★   ★

Virginia
Occidental

Charleston

★ Frankfort   Richmond
★

Kentucky

★ Nashville

Tennessee

Alabama

★ Atlanta

Montgomery
★

Georgia

★ Tallahassee

Florida

Maine

★ Augusta

Concord
★

Massachusetts

★ Boston

★ Providence

Rhode Island

Connecticut

Trenton   Nueva Jersey
★

Dover
★   Delaware

Maryland

Washington, D.C.

Virginia

Raleigh ★ Carolina
del Norte

Columbia
★ Carolina
del Sur

LEYENDA

⭐ Capital de la nación

★ Capital del estado

N

O ✦ E

S

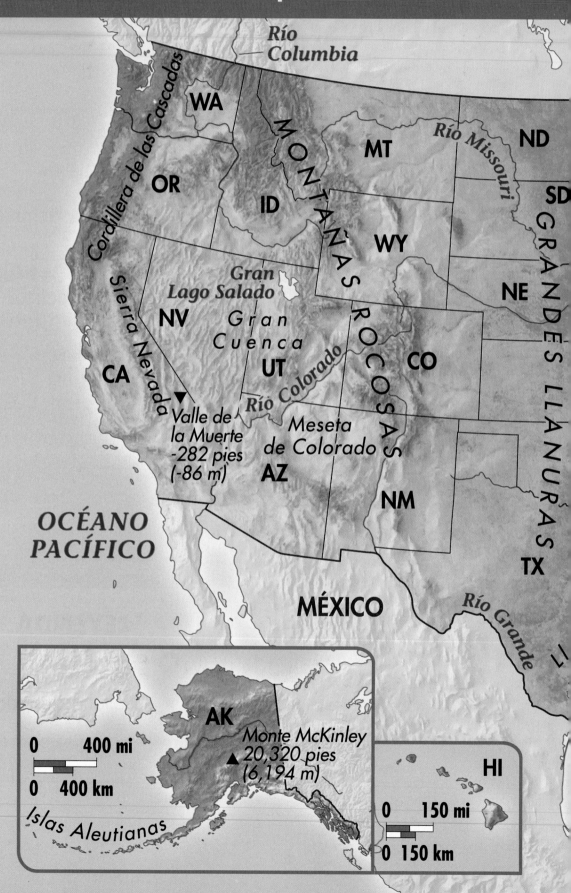

Río Columbia

WA

MONTAÑAS ROCOSAS

MT

Río Missouri

ND

SD

Cordillera de las Cascadas

OR

ID

WY

NE

GRANDES LLANURAS

Gran Lago Salado

Sierra Nevada

NV

Gran Cuenca

UT

Río Colorado

CO

CA

Valle de la Muerte -282 pies (-86 m)

Meseta de Colorado

AZ

NM

OCÉANO PACÍFICO

TX

MÉXICO

Río Grande

AK

Monte McKinley 20,320 pies (6,194 m)

0   400 mi

0   400 km

Islas Aleutianas

HI

0   150 mi

0   150 km

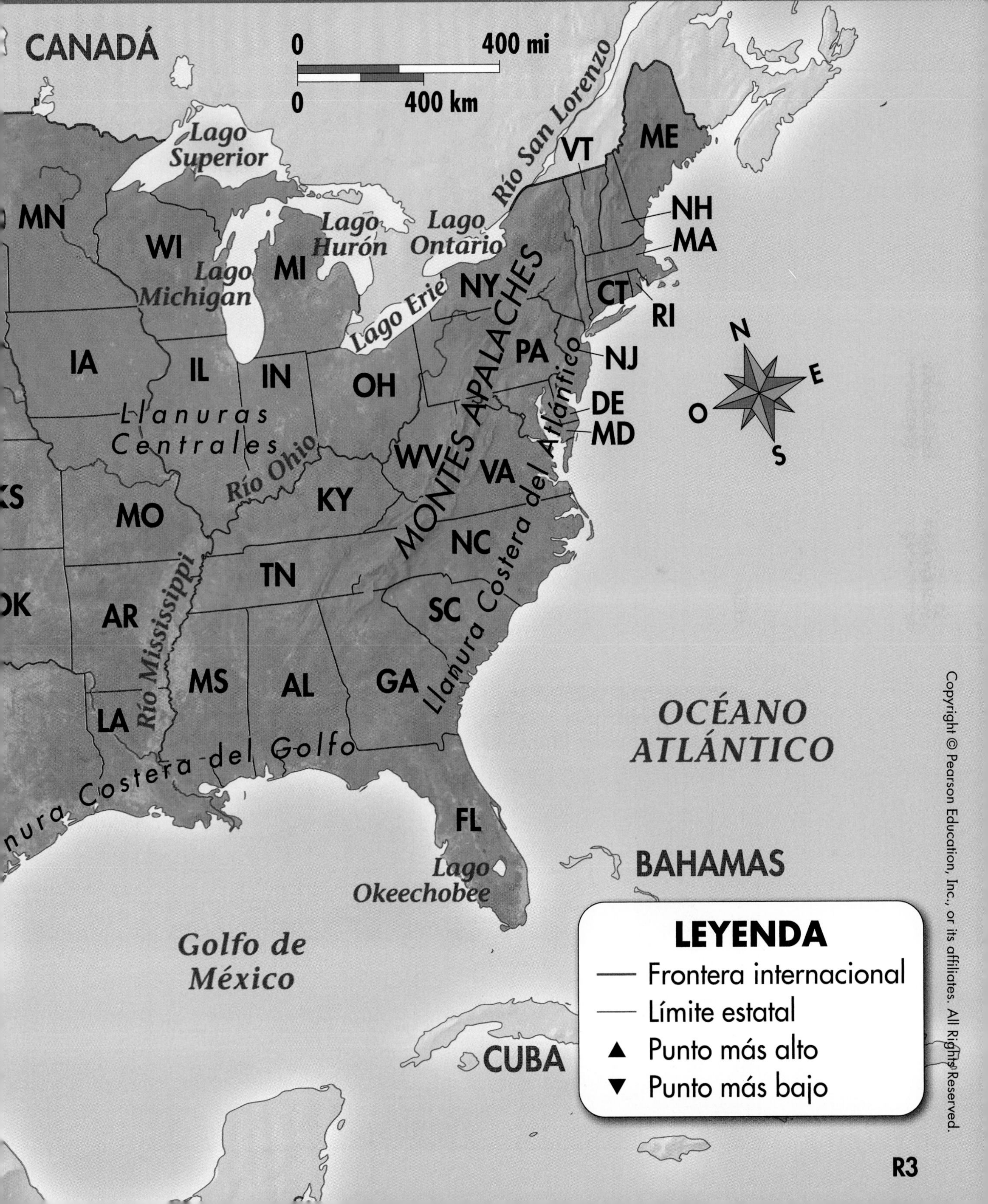

CANADÁ

0   400 mi
0   400 km

Río San Lorenzo

Lago Superior

MN

WI

Lago Michigan

MI

Lago Hurón

Lago Ontario

Lago Erie

VT

ME

NH
MA

NY

CT

RI

MONTES APALACHES

PA

NJ

DE
MD

IA

IL

IN

OH

Llanuras Centrales

Río Ohio

WV

VA

Llanura Costera del Atlántico

N

O   E

S

KS

MO

KY

OK

AR

TN

NC

SC

Río Mississippi

MS

AL

GA

Llanura Costera del Atlántico

LA

OCÉANO ATLÁNTICO

Llanura Costera del Golfo

FL

Lago Okeechobee

BAHAMAS

Golfo de México

CUBA

LEYENDA

— Frontera internacional
— Límite estatal
▲ Punto más alto
▼ Punto más bajo

El mundo

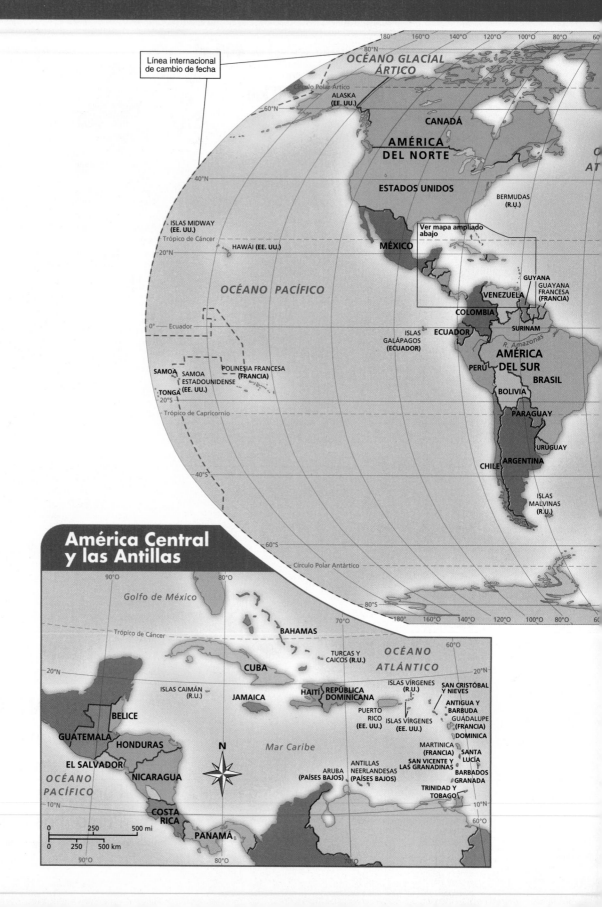

Línea internacional de cambio de fecha

OCÉANO GLACIAL ÁRTICO

Círculo Polar Ártico

ALASKA (EE. UU.)

60°N

CANADÁ

AMÉRICA DEL NORTE

40°N

ESTADOS UNIDOS

BERMUDAS (R.U.)

ISLAS MIDWAY (EE. UU.)

Trópico de Cáncer

HAWÁI (EE. UU.)

Ver mapa ampliado abajo

MÉXICO

20°N

OCÉANO PACÍFICO

GUYANA

GUAYANA FRANCESA (FRANCIA)

VENEZUELA

COLOMBIA

SURINAM

0° Ecuador

ISLAS GALÁPAGOS (ECUADOR)

ECUADOR

R. Amazonas

AMÉRICA DEL SUR

SAMOA

SAMOA ESTADOUNIDENSE (EE. UU.)

POLINESIA FRANCESA (FRANCIA)

PERÚ

BRASIL

TONGA

BOLIVIA

20°S

Trópico de Capricornio

PARAGUAY

URUGUAY

CHILE

ARGENTINA

40°S

ISLAS MALVINAS (R.U.)

60°S

Círculo Polar Antártico

80°S

América Central y las Antillas

90°O

80°O

Golfo de México

Trópico de Cáncer

BAHAMAS

70°O

OCÉANO ATLÁNTICO

60°O

20°N

TURCAS Y CAICOS (R.U.)

CUBA

20°N

ISLAS CAIMÁN (R.U.)

JAMAICA

HAITÍ

REPÚBLICA DOMINICANA

ISLAS VÍRGENES (R.U.)

SAN CRISTÓBAL Y NIEVES

BELICE

PUERTO RICO (EE. UU.)

ISLAS VÍRGENES (EE. UU.)

ANTIGUA Y BARBUDA

GUADALUPE (FRANCIA)

GUATEMALA

DOMINICA

HONDURAS

N

Mar Caribe

MARTINICA (FRANCIA)

SANTA LUCÍA

EL SALVADOR

SAN VICENTE Y LAS GRANADINAS

NICARAGUA

ARUBA (PAÍSES BAJOS)

ANTILLAS NEERLANDESAS (PAÍSES BAJOS)

BARBADOS

GRANADA

OCÉANO PACÍFICO

TRINIDAD Y TOBAGO

10°N

10°N

COSTA RICA

60°O

0   250   500 mi

0   250   500 km

PANAMÁ

90°O

80°O

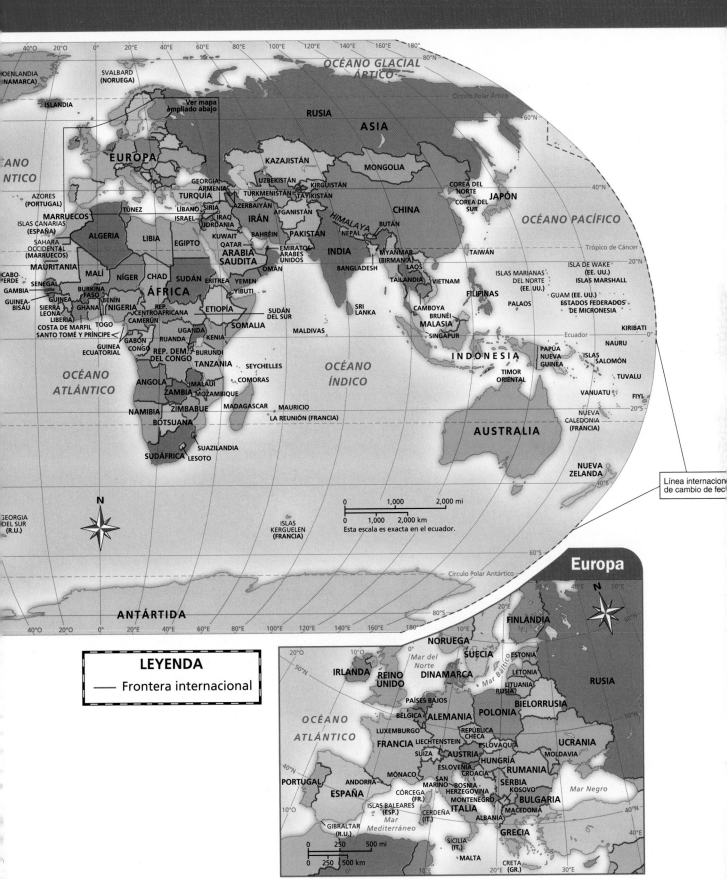

LEYENDA

—— Frontera internacional

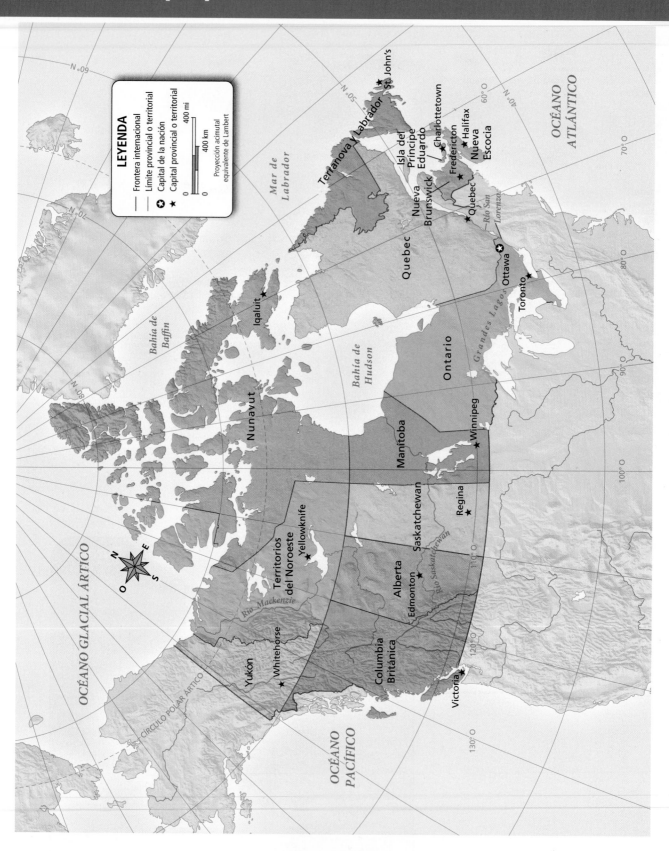

LEYENDA

Frontera internacional
Límite provincial o territorial
✪ Capital de la nación
★ Capital provincial o territorial

0   400 mi
0   400 km
Proyección acimutal
equivalente de Lambert

OCÉANO ATLÁNTICO

Mar de Labrador

Terranova y Labrador

St. John's

Charlottetown

Isla del Príncipe Eduardo

Fredericton

Halifax

Nueva Escocia

Nueva Brunswick

Quebec

Río San Lorenzo

Quebec

Ottawa

Toronto

Grandes Lagos

Ontario

Bahía de Hudson

Bahía de Baffin

Iqaluit

Nunavut

Manitoba

Winnipeg

Saskatchewan

Regina

Territorios del Noroeste

Yellowknife

Río Mackenzie

Alberta

Edmonton

Río Saskatchewan

Yukón

Whitehorse

Columbia Británica

Victoria

OCÉANO GLACIAL ÁRTICO

CÍRCULO POLAR ÁRTICO

OCÉANO PACÍFICO

N E S O

60° N
50° N
40° N
70° N
80° N

60° O
70° O
80° O
90° O
100° O
110° O
120° O
130° O

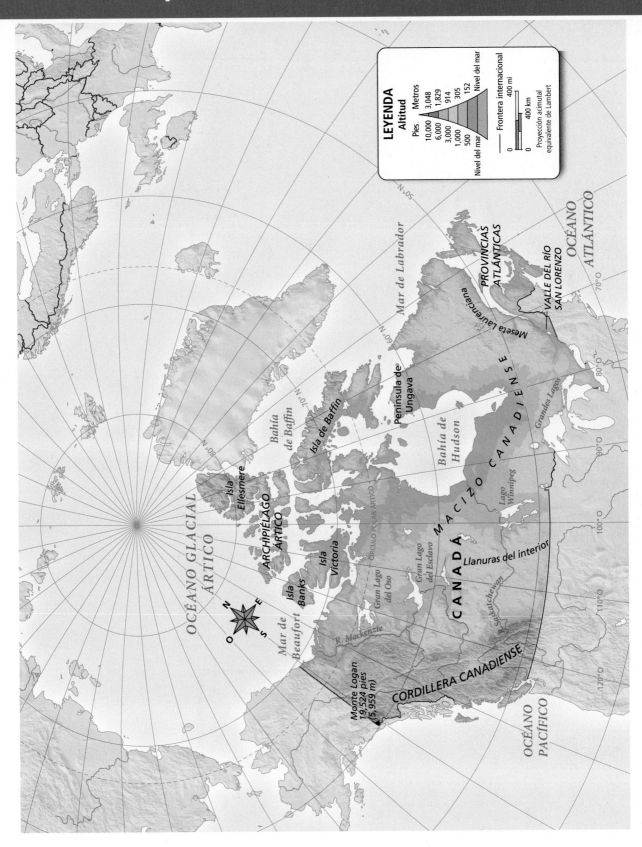

LEYENDA

Altitud

Pies	Metros
10,000	3,048
6,000	1,829
3,000	914
1,000	305
500	152
Nivel del mar	Nivel del mar

Frontera internacional

Proyección acimutal
equivalente de Lambert

400 mi

400 km

OCÉANO
ATLÁNTICO

PROVINCIAS
ATLÁNTICAS

VALLE DEL RÍO
SAN LORENZO

Mar de Labrador

Meseta Laurenciana

Bahía de Baffin

Isla de Baffin

Península de
Ungava

Bahía de
Hudson

Grandes Lagos

MACIZO CANADIENSE

Isla
Ellesmere

ARCHIPIÉLAGO
ÁRTICO

Isla
Victoria

Isla
Banks

OCÉANO GLACIAL
ÁRTICO

CÍRCULO POLAR ÁRTICO

Gran Lago
del Oso

Gran Lago
del Esclavo

Lago
Winnipeg

Saskatchewan

Llanuras del interior

CANADÁ

Mar de
Beaufort

R. Mackenzie

Monte Logan
19,524 pies
(5,959 m)

CORDILLERA CANADIENSE

OCÉANO
PACÍFICO

N

O

E

S

50°N

60°N

70°O

80°O

90°O

100°O

110°O

120°O

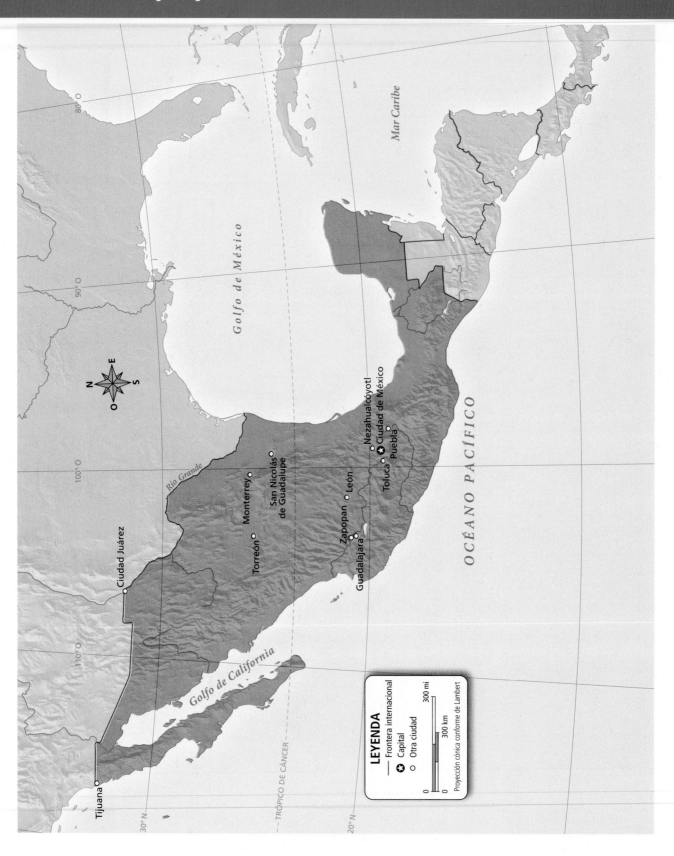

México: Mapa físico

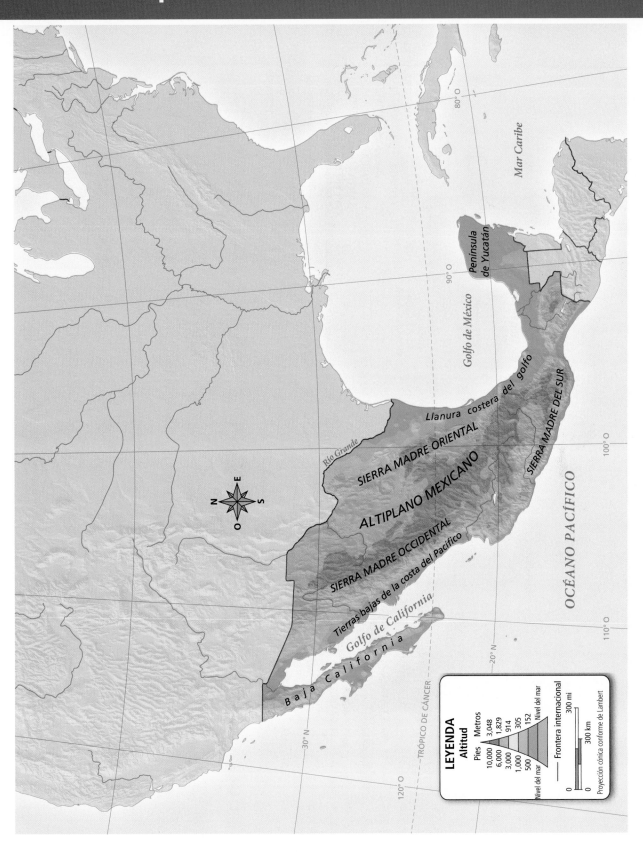

Mar Caribe

Península de Yucatán

Golfo de México

Llanura costera del golfo

Río Grande

SIERRA MADRE ORIENTAL

SIERRA MADRE DEL SUR

ALTIPLANO MEXICANO

SIERRA MADRE OCCIDENTAL

Tierras bajas de la costa del Pacífico

OCÉANO PACÍFICO

Golfo de California

Baja California

80° O

90° O

100° O

110° O

120° O

30° N

20° N

TRÓPICO DE CÁNCER

N E S O

LEYENDA
Altitud

Pies	Metros
10,000	3,048
6,000	1,829
3,000	914
1,000	305
500	152
Nivel del mar	Nivel del mar

——— Frontera internacional

0   300 mi
0   300 km

Proyección cónica conforme de Lambert

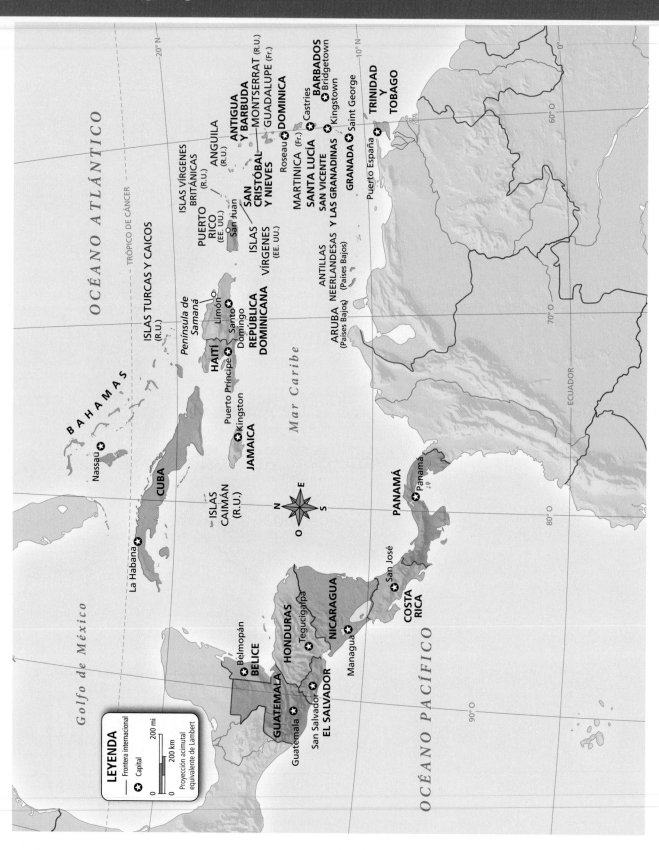

OCÉANO ATLÁNTICO

20° N

10° N

TRÓPICO DE CÁNCER

ISLAS TURCAS Y CAICOS
(R.U.)

ISLAS VÍRGENES
BRITÁNICAS
(R.U.)

ANGUILA
(R.U.)

ANTIGUA
Y BARBUDA

MONTSERRAT (R.U.)

GUADALUPE (Fr.)

DOMINICA

BARBADOS
Bridgetown

Castries

MARTINICA (Fr.)

SANTA LUCÍA

SAN VICENTE
Y LAS GRANADINAS

GRANADA
Saint George

TRINIDAD
Y
TOBAGO

Puerto España

SAN
CRISTÓBAL
Y NIEVES

Roseau

PUERTO
RICO
(EE. UU.)

San Juan

ISLAS
VÍRGENES
(EE. UU.)

ANTILLAS
NEERLANDESAS
(Países Bajos)

ARUBA
(Países Bajos)

Península de
Samaná

Limón

Santo
Domingo

REPÚBLICA
DOMINICANA

HAITÍ

Puerto Príncipe

Kingston

Mar Caribe

B A H A M A S

Nassau

CUBA

La Habana

ISLAS
CAIMÁN
(R.U.)

JAMAICA

Kingston

Golfo de México

LEYENDA
Frontera internacional
Capital

200 mi
0

200 km
0

Proyección acimutal
equivalente de Lambert

GUATEMALA

Guatemala

BELICE
Belmopán

HONDURAS
Tegucigalpa

EL SALVADOR
San Salvador

NICARAGUA

Managua

COSTA
RICA

San José

PANAMÁ

Panamá

OCÉANO PACÍFICO

ECUADOR

60° O

70° O

80° O

90° O

0°

N
O E S

Glosario

A

abundancia Cuando hay mucha cantidad de algo.

accidente geográfico La forma que tiene una parte de la superficie terrestre.

activista Alguien que trabaja para producir un cambio.

adaptarse Cambiar la manera de hacer algo.

adobe Ladrillos secados al sol que se usan para hacer viviendas y otras construcciones.

ahorros Dinero que una persona gana pero no gasta.

alcalde Líder de una comunidad.

altitud Altura del terreno sobre el nivel del mar.

ancestro Familiar que vivió hace mucho tiempo.

arte Pinturas, esculturas, canciones, cuentos y danzas.

B

banco Empresa que guarda, cambia y presta dinero a las personas.

bienes Cosas que las personas fabrican o cultivan y luego venden.

boicot Cuando las personas se niegan a hacer algo por alguna razón.

C

canal Vía de navegación hecha por el hombre.

caravana de carretas Grupo de carretas que viajan juntas por seguridad.

causa Algo en lo que las personas creen con firmeza.

censo Conteo de la población.

ciudadano Miembro oficial de una comunidad.

clima Tiempo de un lugar durante un período extenso.

colonia Lugar gobernado por otro país.

colonizar Poblar la tierra en nombre de otro país.

comerciar Usar dinero para comprar y vender bienes y servicios.

comunicarse Transmitir pensamientos o información a otras personas.

comunidad Sitio donde las personas viven, trabajan y se divierten.

concejo Grupo de personas que hacen leyes.

confederación Acuerdo formal, o tratado, que establece la colaboración entre grupos.

Congreso Poder legislativo del gobierno de los Estados Unidos.

conservar Cuidar y proteger algo.

constitución Plan de gobierno escrito en el que se explican las creencias y las leyes de un estado o una nación.

consumidor Alguien que gasta dinero para comprar lo que necesita o desea.

continente Una de las siete superficies de tierra más extensas del planeta: América del Norte, América del Sur, Europa, África, Asia, Australia (también llamada Oceanía) y la Antártida.

convención Reunión de mucha gente.

cooperar Trabajar conjuntamente.

cosecha Recolección de cultivos al final de la temporada de cultivo.

costo de oportunidad Valor de la cosa que dejas cuando escoges otra cosa.

costumbre Forma particular de hacer las cosas que es parte de la cultura de una persona.

crédito Promesa de que se pagará algo.

cuáquero Alguien que practica una religión y que cree en la paz y el trato igualitario para todos.

cuento folclórico Historia de ficción, es decir, inventada, que pasa de una generación a otra por tradición.

cuerpo legislativo Parte del gobierno que se encarga de crear las leyes.

cultura Modo de vida de un grupo de personas.

delegado Persona escogida para actuar en nombre de otros.

demanda Cantidad de bienes o servicios que las personas desean y pueden comprar.

democracia Forma de gobierno en la que las personas votan para escoger el líder de la comunidad, el estado o la nación.

depósito Dinero que una persona deposita en un banco.

derechos civiles Derechos que tienen todos los ciudadanos de ser tratados con igualdad ante la ley.

deseos Cosas que te gustaría tener, pero que no necesitas.

deuda Dinero que una persona debe a otra.

diversidad Cuando hay muchas diferencias entre las personas.

diverso Diferente.

división del trabajo Cuando se divide un proyecto en trabajos más pequeños.

ecosistema Lugar donde todos los seres vivos, como las plantas y los animales, interactúan entre sí.

ejecutivo Describe el poder del gobierno que sanciona las leyes, es decir, las aprueba y hace que se cumplan.

enmienda Cambio a la Constitución.

erosión Desgaste del suelo producido por la lluvia, el viento y los ríos cercanos.

escasez Cuando no hay suficiente cantidad de algo para satisfacer las necesidades o los deseos de las personas.

especialización Cuando cada persona de un grupo tiene una destreza especial y hace un trabajo o una parte de un proyecto.

exclusión Acción de mantener a alguien fuera de un lugar.

expedición Viaje que tiene un propósito particular.

explorador Persona que viaja en busca de nuevas tierras y descubrimientos.

exportar Enviar productos y recursos de un país a otro.

extraer minerales Sacar materiales de la tierra.

F

fiebre del oro Época a finales de la década de 1840 en la que miles de personas de todo el mundo llegaron a California en busca de oro.

finca Porción de tierra que incluye una casa y otras construcciones.

fuerte Construcción sólida o área firme que protege de ataques enemigos.

G

gabinete Grupo de consejeros, es decir, personas que le dicen a un líder, como el presidente de los Estados Unidos, lo que piensan sobre un tema.

ganancia Dinero que les queda a las empresas después de pagar sus costos.

gobernador Jefe del poder ejecutivo de un estado; lo eligen los habitantes del estado.

gobierno Conjunto de personas que dirigen.

H

hacer un trueque Dar un bien o un servicio a alguien a cambio de otro bien o servicio.

hemisferio Una de las dos partes en que se divide la Tierra, marcada por las líneas de latitud y de longitud.

héroe Persona que sirve de modelo a los demás.

himno Canción de lealtad hacia una nación.

historia oral Cuento que solo es hablado.

huelga Cuando los trabajadores dejan de trabajar para que las cosas cambien.

I

igualdad de derechos Cuando todas las personas tienen los mismos derechos.

importar Traer a un país productos y recursos de otro país.

impuesto Dinero que se le paga a un gobierno.

independencia Libertad.

inmigrante Persona que se va de un país y se instala en otro.

interdependencia Cuando las personas dependen unas de otras para obtener las cosas que necesitan y desean.

interés Dinero que un banco le da a una persona a cambio de guardarle su dinero.

intérprete Persona que ayuda a entenderse a quienes hablan idiomas diferentes.

invento Algo que se hace por primera vez.

irrigar Llevar agua por medio de tuberías.

J

judicial Describe el poder del gobierno que se asegura de que las leyes sean justas.

L

legislativo Describe el poder del gobierno que hace las leyes.

lema Frase.

leyenda Relato sobre el pasado cuyos datos no se pueden comprobar.

libertad Condición de ser libre.

libre mercado Permite a las personas escoger qué fabricar y qué comprar.

línea de montaje Cada trabajador hace solo una parte del trabajo.

mineral Recurso que no proviene de un animal o una planta.

misión Asentamiento que tiene una iglesia donde se enseña religión.

modificar Cambiar algo, como el ambiente físico.

necesidades Lo que las personas deben tener para vivir.

obra Acción.

oferta Cantidad de bienes o servicios que las personas pueden vender.

patente Documento que le da a una persona el derecho de ser la única que puede fabricar o vender un invento.

patriota Persona que ama y defiende a su país y también los derechos de su pueblo.

peaje Dinero que se paga por usar un camino.

peregrino Persona que viaja por motivos religiosos.

pow wow Reunión de indígenas americanos.

préstamo Dinero que un banco les presta a las personas.

presupuesto Plan que muestra los ingresos, los gastos y los ahorros de una persona.

productor Persona que elabora un producto o proporciona un servicio.

protestar Quejarse.

proyecto de ley Idea que se escribe para que el gobierno decida si va a ser ley.

punto cardinal Norte, sur, este y oeste.

punto cardinal intermedio Noreste, sureste, noroeste y suroeste.

reciclar Usar un objeto más de una vez.

recreación Manera de disfrutar el tiempo libre.

recurso de capital Algo necesario para producir bienes y servicios.

recurso humano Persona que elabora productos o proporciona servicios.

recurso natural Algo que existe en la naturaleza y es útil para todos.

recurso no renovable Recurso natural que tarda mucho tiempo en ser reemplazado o que no puede ser reemplazado una vez que se usa.

recurso renovable Recurso natural que puede reemplazarse en poco tiempo.

región Zona con características comunes que la distinguen de otros lugares.

región agrícola Lugar en el que la tierra es principalmente plana y fértil.

región cultural Lugar donde viven personas que comparten una cultura similar.

región fronteriza Región que forma el límite de una zona poblada.

región industrial Lugar donde hay muchos tipos de fábricas.

representante Persona escogida para hablar en nombre de otros.

representar Hablar por otras personas.

reserva Tierras que el gobierno de los Estados Unidos apartó para los indígenas americanos hace muchos años.

revolución Cuando las personas quieren reemplazar al gobierno que tiene el control en ese momento por uno nuevo.

rural Describe una comunidad que está en el campo donde hay mucho espacio abierto.

ruta Camino que se toma para llegar a un lugar.

segregar Separar.

sequía Período de tiempo durante el cual no hay agua suficiente.

servicio Trabajo que una persona hace para otra.

símbolo En un mapa, dibujo o forma pequeña que representa una ubicación, un asentamiento o un edificio específicos. En una obra de arte, imagen que representa una idea.

sindicato Grupo de trabajadores que se unen.

sitio de interés Edificio u otra estructura de importancia para una cultura.

suburbano Relacionado con una comunidad ubicada cerca de una gran ciudad.

sufragio Derecho al voto.

tarjeta de crédito Tarjeta que se usa en lugar del dinero y le permite al dueño comprar cosas y pagarlas después.

tecnología Conocimiento científico sobre cómo funcionan las cosas.

telégrafo Máquina que envía y recibe señales por medio de un cable delgado.

territorio Región gobernada por un país que puede ubicarse dentro o fuera de las fronteras de ese país.

tiempo Condiciones diarias en el exterior.

tradición Manera especial que tiene un grupo de hacer algo que forma parte de su cultura.

transcontinental Que atraviesa el continente.

U

ubicación Lugar donde se puede hallar algo que se necesita.

ubicación absoluta Exactamente dónde está ubicado un lugar en la Tierra.

ubicación relativa Descripción de dónde se encuentra un lugar en relación con otros lugares.

urbano Relacionado con una comunidad ubicada en una gran ciudad.

V

vacuna Inyección de un virus débil que ayuda al cuerpo a pelear contra una enfermedad.

valor Lo que vale un artículo para una persona.

vegetación Las plantas que crecen.

vetar Rechazar.

vivienda comunal Casa de los indígenas americanos que era más larga que ancha.

voluntario Persona que mejora la comunidad y ayuda a otros.

Índice

En este índice, se enumeran las páginas en las que aparecen los temas de este libro. Los números de página que se acompañan de una *m* remiten a mapas. Los números de página que se acompañan de una *i* remiten a ilustraciones o fotografías. Los números de página acompañados de una *t* remiten a tablas o gráficas. Los números de página en negrita indican dónde se encuentran las definiciones.

Reconocimientos

Text Acknowledgments

Grateful acknowledgement is made to the following for copyrighted material:

Page 267 "Introduction to Our Second Catalog of Native American Literature" by Joseph Bruchac from *http://lopezbooks.com/articles/bruchac/*. Copyright © 1996 by Joseph Bruchac.

Note: Every effort has been made to locate the copyright owners of the material produced in this component. Omissions brought to our attention will be corrected in subsequent editions.

Illustrations

CVR1, 24 Lyn Boyer; **CVR2, 127, 128, 129** Angus Cameron; **1, 2, 3, 4, 5, 6, 7, 8** Mike Lester; **3, 208** Siffert; **22** Paul Eric Roca; **43, 44, 45** Christine Larsen; **55, 74, 166, 167, 249** Mattia Cerato; **91, 107, 196, 265, 266, 267** Tin Salamunic; **100, 190** Rick Whipple; **144** Laura Huliska-Beith; **176** Dave Kirwin; **187, 188, 189** Dan Masso; **204, 205** Marsha Grey Carrington; **206, 250** Robin Storesund; **242** Agnes Yi; **278** Kory Heinzen.

Maps

XNR Productions, Inc.

Photographs

Every effort has been made to secure permission and provide appropriate credit for photographic material. The publisher deeply regrets any omission and pledges to correct errors called to its attention in subsequent editions.

Unless otherwise acknowledged, all photographs are the property of Pearson Education, Inc.

Photo locators denoted as follows: Top (T), Center (C), Bottom (B), Left (L), Right (R), Background (Bkgd).

Cover

CVR1 (CL) Jeff Greenberg/PhotoEdit, Inc., (CR) Jon Spaull/©DK Images, (BL) moodboard/Alamy, (C) NASA, (CL) Rob Atkins/Getty Images, (T) SuperStock; **CVR2** (B) Konstantin L/Shutterstock, (TR) North Wind/North Wind Picture Archives, (CC) Sami Sarkis Lifestyles/Alamy, (BL) North Wind Pictures Archive/Alamy

Frontmatter

v (BR) Look Photography/Corbis; **vi** (BL) Brian Cook/Alamy; **vii** (BR) North Wind Picture Archives/©Associated Press; **viii** (BL) Jon Spaull/©DK Images; **ix** (BR) JLP/Jose L. Pelaez/Corbis; **x** (BL) Mary Evans Picture Library/Alamy Images; **xii** (BL) Peter M. Fredin/©Associated Press.

Text

12 George Doyle/Stockbyte/Thinkstock; **14** Thinkstock; **15** Jupiterimages/Thinkstock; **16** (BL) Bruce Leighty/Ticket/PhotoLibrary Group, Inc., (TR) Fackler Non CC/Alamy Images; **17** (TL) Ohio Historical Society; **18** (TR) Grafton Marshall Smith/Corbis, (BL) Joe Sohm/VisionsofAmerica/Getty Images; **19** (TR) Jim West/Alamy Images; **20** (BR) Bobby Deal/RealDealPhoto, 2010/Shutterstock, (BL) Library of Congress; **23** (TR) BMD Images/Alamy Images; **27** (TR) ©DK Images; **28** (TR) Juice Images/Alamy; **32** (T) Chad Ehlers/Alamy Images, (T) dbimages/Alamy Images, (B) Stephen Saks Photography/Alamy Images; **33** (TR) ©DK Images, (TR) Look Photography/Corbis; **34** (TR) Glowimages/Getty Images, (B) Photodisc/White/PhotoLibrary Group, Inc.; **35** (B) Hemera/Thinkstock; **36** (TR) Liane Cary/age fotostock/PhotoLibrary Group, Inc.; **38** (TL) Jason Hosking/Corbis; **42** (Bkgrd) SuperStock/Alamy Images; **46** (TL) Antoine Beyeler, 2010/Shutterstock, (BL) NASA/Corbis, (CL) PETER HARRISON/PhotoLibrary Group, Inc.; **48** (CR, BR) Mike Norton, 2010/Shutterstock; **49** (BC) Benn Mitchell/Getty Images, (TR) John Elk III/Alamy Images, (TL) Nagel Photography/Shutterstock; **50** (TR) Caitlin Mirra, 2010/Shutterstock, (CR) Jeff Banke, 2010/Shutterstock; **51** (TR) Patrick Eden/Alamy Images; **52** (L) ©Martin Harvey/Corbis, (TR) Stephan von Mikusch/Fotolia, (TC) Peter Kirillov, 2010/Shutterstock; **54** (BR) Global Warming Images/Alamy Images; **56** (TR) Brian Cook/Alamy, (CR) Papilio/Alamy Images; **60** (TR) Galyna Andrushko/Shutterstock, (CL) Lonely Planet Images/Alamy Images; **62** (TR) Hemera/Thinkstock; **63** (TR) moodboard/Alamy; **64** (TR) ©Morgan Lane Photography/Shutterstock, (BR) Commercial Eye/Getty Images; **66** (CR) Lazar Mihai-Bogdan/Shutterstock; **68** (TR) Chad Ehlers/Alamy Images, (CL) Danita Delimont/Alamy Images; **69** (CR) Yvette Cardozo/Alamy Images; **70** (R) Andy Z./Shutterstock; **71** (R) Ivan Bondarenko/Shutterstock; **72** (R) Disney Channel/Getty Images; **73** (TR) Daniel Grill/Tetra Images/Corbis; **82** (TR) Charlotte Observer/McClatchy Tribune/Getty Images; **83** (CR) CLM/Shutterstock, (CR) spiritofamerica/Fotolia; **84** (TR) ©The Granger Collection, NY; **85** (TC) North Wind/North Wind Picture Archives; **86** (CR) Stephen J. Boitano/©Associated Press; **88** (R) Stephen J. Boitano/©Associated Press; **89** (CR) Burstein Collection/Corbis; **90** (TR) ©Ilja Masik/Shutterstock; **92** (B) North Wind Pictures Archive/Alamy; **94** (B) PoodlesRock/Corbis; **98** (TR) The Granger Collection, NY; **99** (TL) Witold Skrypczak/Getty

Images; **100** (B) National Geographic/Getty Images; **101** (TR) Classic Image/Alamy Images, (BR) David S. Baker, 2010/ Shutterstock; **102** (T) Joe Sohm/VisionsofAmerica/Getty Images; **104** (TR) Pictorial Press Ltd/Alamy Images; **105** (BR) mauritius images GmbH/Alamy Images; **106** (TR) Robert Harding Picture Library Ltd/Alamy Images; **108** (TR) ©The Granger Collection, NY; **110** (TR) Onboard the Mayflower (gouache on paper)/ Private Collection/©Look and Learn/Bridgeman Art Library, (CL) ©The Granger Collection, NY; **111** (BR) North Wind Picture Archives/Alamy Images; **113** (BR) ©The Granger Collection, NY, (CR) ClassicStock/Alamy Images; **114** (BR) Visions of America, LLC/Alamy; **116** (BL) ©The Granger Collection, NY, (TR) North Wind Picture Archives/©Associated Press; **117** (BR) Bettmann/Corbis; **118** (BR) North Wind Picture Archives/Alamy Images; **119** (TR) David Spindel/SuperStock, (BR) SuperStock/ Getty Images; **120** (TR) B Christopher/Alamy Images, (B) Frontpage, 2010/Shutterstock; **126** (Bkgrd) moodboard/Alamy; **130** (TR) bornholm/Shutterstock, (TC) Dorling Kindersley Media Library/©DK Images, (BL) Image100/Corbis; **131** (BR) Alexander A. Trofimov/Shutterstock, (TL) Lorraine Kourafas/ Shutterstock, (TC) Tatiana Popova/Shutterstock; **132** (B) ©The Granger Collection, NY; **133** (BR) Ariel Skelley/Corbis; **134** (BR) D. Hurst/Dorling Kindersley Media Library/Alamy Images, (B) Library of Congress; **136** (TR) ©DK Images; **137** (TR) John Hancock, c.1770–72 (oil on canvas), Copley, John Singleton (1738–1815)/Private Collection/Bridgeman Art Library, Sascha Burkard, 2010/Shutterstock; **138** (BL) Frontpage, 2010/ Shutterstock, (TR) Liz Van Steenburgh, 2010/Shutterstock; **139** (BR) Scott J. Ferrell/Contributor/Congressional Quarterly/Getty Images; **140** (B) Jon Spaull/©DK Images; **141** (T) Chuck Aghoian/Shutterstock; **142** (TR) Konstantin L/Shutterstock; **144** (BL) Aristide Economopoulos/Star Ledger/Corbis; **145** (BR) CHRIS KLEPONIS/AFP/Getty Images; **146** (TR) Corbis, (BR) Jon Arnold Images Ltd/Alamy Images; **147** (TR) Prisma/SuperStock; **148** (CR) scoutingstock/Alamy; **150** (CR) Dallas Events Inc/ Shutterstock, (CL) Lynne Carpenter/Shutterstock; **160** (TR) Dynamic Graphics Group/Jupiter Images, (CL) Emely/Corbis, (TR) Sami Sarkis Lifestyles/Alamy; **161** (BR) Deborah Jaffe/ Fancy/Corbis, (C) Mike Kemp/RubberBall/Alamy, (TL) Poznyakov, 2010/Shutterstock; **162** (CR) SuperStock; **163** (CR) Jim West/Alamy Stock Photo; **164** (BR) Ariel Skelley/Getty Images, (CR) Blend Images/Alamy; **168** (CL) Corbis, (TR) Jeff Greenberg/PhotoEdit, Inc.; **169** (BR) Bettmann/Corbis; **170** (TR) Corbis; **171** (BC) Bettmann/Corbis; **172** (B) Bettmann/ Corbis; **174** (R) Corbis; **175** (CR) Oscar White/Corbis; **176** (BL) Corbis; **177** (BR) Corbis; **178** (TR) 1976 Bob Fitch/Take Stock/The Image Works, Inc.; **179** (TR) Division of Political History/National Museum of American History/Smithsonian Institution, (BC) Ted Streshinsky/Corbis; **180** (B) Spencer Platt/ Getty Images; **186** (C) ESTHER BUBLEY/Getty Images; **190** (TC) David Lyons/Alamy Images, (TR) Owaki/Kulla/Comet/Corbis; **191** (TC) David R. Frazier Photolibrary, Inc./Alamy Images, (TL) Denise Kappa, 2010/Shutterstock; **192** (TL) ©The Granger Collection, NY, (BL) North Wind Picture Archives/©Associated Press; **193** (BR) Private Collection/Peter Newark American Pictures/Bridgeman Art Library; **194** (B) ©Underwood & Underwood/Corbis; **196** (TR) ©Smithsonian Institution/Corbis; **198** (CR) Old Paper Studios/Alamy Images; **199** (BR) akva, 2010/Shutterstock; **200** (TR) North Wind Picture Archives/ Alamy Images; **201** (TR) Victorian Traditions, 2010/ Shutterstock; **202** (TR) American Memory/Library of Congress; **204** (BL) Corbis; **206** (BR) North Wind/North Wind Picture Archives; **207** (CR) gallofoto, 2010/Shutterstock, (TR) MA/ Alamy Images, (CR) SSPL/The Image Works, Inc., (BR) Wil Davis/Alamy Images; **209** (BL) ©Lindsey Stock/DK Images, (CL) gordana, 2010/Shutterstock, (TL) REUTERS/Steve Marcus/ Landov LLC; **210** (B) Solomon Butcher Collection/Nebraska State Historical Society; **211** (TR) Bettman/Corbis; **212** (CL) Gordon Parks/Historical/Corbis, (TC) Péter Gudella, 2010/ Shutterstock, (TR) Shell114, 2010/Shutterstock; **213** (TC) ©omers/Shutterstock, (BR) funkyfood London - Paul Williams/ Alamy Images, (TL) samoshkin, 2010/Shutterstock, (CR) taelove7/Shutterstock; **214** (BC) Mary Evans Picture Library/ Alamy Images; **215** (BR) Blend Images/Getty Images, (TR) Library of Congress; **216** (CL) ©The Granger Collection, NY, (BR) George Tames/The New York Times/Redux Pictures, (TR) National Archives; **226** (TC) Dave King/Dorling Kindersley/ Getty Images, (TR) Siede Preis/Photodisc/Getty Images; **227** (BR) David R. Frazier/Photo Researchers, Inc., (TL) Getty Images, (TC) Jaroslaw Grudzinski/Shutterstock; **228** (BR) Tony Freeman/ PhotoEdit, Inc.; **229** (TR) Jon Riley/Riser/Getty Images; **230** (TR) Atlantide Phototravel/Corbis; **234** (TR) Ariel Skelley/Blend Images/Corbis, (BL) Lance Nelson/Corbis; **235** (BR) Ocean/ Corbis; **236** (BR) Jack Hollingsworth/Getty Images, (TR) Thinkstock Images/Jupiter Images; **237** (TR) Jon Feingersh/ Blend Images/Getty Images; **238** (TR) Exactostock/SuperStock; **240** (BL) Jeff Greenberg/PhotoEdit, Inc.; **241** (BR) Chronicle/ Alamy; **243** (TR) Image Source/Getty Images; **244** (BR) Car Culture/Corbis, (TR) fotogiunta/Shutterstock; **246** (TL) Anita Patterson Peppers/Shutterstock, (TL) BonD80, 2010/Shutterstock, (TR) Jose Luis Pelaez, Inc./Blend Images/Corbis; **247** (BR) AGE fotostock/SuperStock; **248** (TL) Exactostock/SuperStock; **254** (TR) Christian Delbert/Shutterstock, (BL) OJO Images/ SuperStock; **255** (BR) Val Thoermer/Shutterstock; **256** (TR) Image Source/Alamy; **257** (BR) Jetta Productions/Getty Images, (TR) Tony Metaxas/Asia Images/Corbis; **258** (TL) H. Armstrong Roberts/Getty Images, (B) Tom Brakefield/SuperStock; **264** (Bkgrd) Thomas Frey/imagebroker/Alamy Images; **268** (TR) ©The Granger Collection, NY; **269** (BR) Pepe Franco/The Image Bank/Getty Images, (TL) Sid Frisby/Loop Images/Corbis; **270** (BR) EcoPhotography/Alamy Images, (TC) Michael DeFreitas Central America/Alamy Images; **271** (BL) Charles O. Cecil/ Alamy Images; **272** (TR) Kazuyoshi Nomachi/Corbis, (BR) Sylvain Grandadam/AGE fotostock; **276** (BL) ©Bettmann/ Corbis, (TR) The Philadelphia Museum of Art/Art Resource, NY; **277** (BR) Jamie Grill/Tetra Images/Corbis; **279** (BR) Allies Day, May 1917 by Childe Hassam 1917. Oil on canvas, 92.7 x 76.8 cm. Located in the National Gallery of Art, Washington DC, USA./ Corbis, (TR) Danita Delimont/Alamy Images; **280** (BR) Paul Conklin/PhotoEdit, Inc., (TR) Richard A. Cooke/Corbis; **282** (TR) ©Patrick Ward/Corbis, (BL) Blend Images/Superstock; **283** (BR) Peter Tsai Photography/Alamy; **284** (B) Channi